JN026422

これが

小学校理科教育だ

中村　悦朗

三省堂書店／創英社

はじめに

　教員を目指している大学生に「小学校時代、理科の授業で思い出すのはどんなことですか」という質問をしたところ、大部分の人は実験のことを挙げました。

　私は小学校高学年の時に作った石鹸のことが浮かんできます。

　肉屋で買った牛脂をビーカーに入れ、水酸化ナトリウム（当時は苛性ソーダと言っていた）水溶液を加え温めながら撹拌し、ドロドロになった物を冷やし石鹸を作りました。石鹸は柔らかく使用するとすぐに壊れてしまいましたが、牛脂から石鹸ができた時の驚きを今でも覚えています。

　教員になって1年目、校内の理科授業研修で東京教育大学（現、筑波大学）附属小学校の清水　堯先生を講師に迎えて授業を行いました。

　3年生「まめでんきゅうのつけ方」の授業です。先生はクラス全員の子に豆電球、リード線、単1乾電池1個、セロハンテープを配った後、「これらを使って豆電球をつけられるかな？」と問いかけました。

　すぐに数人の子から「つけられるよ」という声。先生はニコニコしながら全体を見回しています。その声がしだいに多くなってくると、「本当に豆電球がつくのかな」と問い返します。「絶対につけられるよ」と言う子供たちの声で、「豆電球をつけてみよう」という活動が始まりました。

　子供たちはさまざまな配線を試みながら試行錯誤を繰り返します。友達がやっているのを見てから始める子もいます。しばらくして、先生は点灯した子と点灯しなかった子の中から数人を選び、その子が描いた図で全員の前で説明させます。説明が終わるごとに先生は点灯した図と点灯しかなかった図を2つのグループに分け、黒板に展示していきます。

　説明が終わると両方のグループの図を比較しながら豆電球がついた理由、つかなかった理由を全員で話し合い、その原因を明らかにしていきます。

　そして、再度、全員に豆電球の点灯に挑戦させます。見通しを持って活動する子供たちは活き活きとしています。「ついた」と大きな歓声があちらこちらから上がる中、全員の豆電球が点灯しました。どの子も笑顔で満足そうな表情が印象的です。普段あまり活動しない子が指導者が代わることで、こんなに主体的に活動するものかと、改めて授業の怖さと同時に教員の責任の重さを痛感させられた授業でした。

　この授業はその後の私にとって、常に子供サイドに立ち、子供の意識の流れを大切にする授業を考える基になりました。

戦後の小学生数の推移を年度別で調べると、2つの山ができます。最初の山の頂上は1958（昭和33）年度の約1349万人、2つ目の山の頂上は1981（昭和56）年度の約1192万人です。いわゆる戦後の第1次、第2次ベビーブームと呼ばれる年度です。

　その後、小学生の数は全国的に減少し続け、2017（平成29）年度は、約644万人で、最も多かった1958（昭和33）年度の半数以下になっています。このように子供の減少に伴い教員採用数も減り、少数の教員しか採用されない厳しい年度が続くことになります。

　そんな中、2008（平成20）年度以降になると、団塊世代といわれたベテランの教員が定年退職を迎えるようになり、教員採用数が増え学校現場は、若い教員が活躍するようになってきました。その反面、経験不足等から各教科の指導や生活指導等についての課題も生まれるようになりました。

　例えば、教員の中には理科を得意としない人もいます。理科は観察や実験を行います。ところが出身大学によっては学生時代に十分な観察や実験等が体験できなかった人もいます。また、教員になってからも、理科の授業や観察、実験等に不安をもっている人もいます。

　このような不安を解消するためには、まず指導者である教師が理科が好きになり、授業を楽しく行うことが大切です。教師の姿勢は子供に伝わります。

　理科の授業を楽しく行うことは、決して難しいことではありません。その鍵は、教師が自然事象に興味・関心を持ち、学習問題や課題を子供と共に作り、共に考え、共に解決していくことです。

　そのためには、教師は子供の意識の流れに沿った授業展開を考え、実践することが大切です。

　この本は多くの先生方の実践を基にまとめました。教員はもちろん、これから教員を目指している人、小学校教育に関心のある人にもぜひ読んでいただきたいと思います。きっと共感する箇所が多々あるはずです。

　小学校理科はたくさんの宝で溢れています。これらの宝に教師が積極的に働きかけ、授業に活かしていくことで、子供たちの自然を見る目は広がり、豊かな思考力、判断力、表現力等が育つことでしょう。

目　次

第1章

1 宝が一杯の小学校理科

　日常生活の中で、ちょっと注意して身の周りの自然事象に働きかけてみましょう。今まで見えなかったものが見えてきます。

　例えば、近くの公園等で花壇に植えられているホウセンカや背丈が 50cm くらいになったヒマワリを真上から見ると、中心の茎から葉が放射状に伸び、どの葉にも日光がよく当たるようになっていることに気付きます。さらに詳しく観察するとそれらの葉の付き方に規則性があることにも驚きます。

　このようなことは、ホウセンカやヒマワリだけでなく他の草木にもいえます。植物の立場になって日光との関係で観察してみましょう。今まで見えなかったものが見えてきます。

　草花の茎はどれも円形と思っていませんか。しかし、注意して茎を触ってみると四角形、三角形、多角形といろいろな形をしていることに気付きます。中でもコリウスやサルビア等のシソ科の植物は茎が四角形をしているのが分かります。このように茎の形で仲間分けしていくのも楽しいものです。

　また、台所で笛付きのやかんを使ってガスコンロ等でお湯を沸かしていると、ピーという音と共にやかんの口からすごい勢いで白い湯気が出てきます。その湯気をよく見ると口付近は無色で、少し離れると白い湯気になっています。その無色のところに金属スプーンを入れるとスプーンに水滴が付きます。目に見えなかった水蒸気（気体）が冷やされ水（液体）になったからです。

　さらに日常生活に目をやると私たちの周辺には、栓抜きやハサミ、爪切り等、てこの規則性を応用した物がたくさんあります。

　てこの規則性を輪軸や、滑車へと関係付けていくと対象はさらに広がり、より多くの物が見えてきます。支点、力点、作用点を中心に製品を見ていくといろいろなところに利用されていることが分かります。

　公園では、シーソーで大人と子供が楽しそうに遊んでいる姿を見かけることがあります。

　明らかに重さの違う人が座る位置を替えることで、シーソーの長い棒を上手く水平に釣り合わせて遊んでいます。人の重さは変わっていないのに座る位置を替えることでシー

ソーが水平に釣り合うことが不思議です。

ブランコにも不思議なことがあります。

学校や公園のブランコ（上の梁からの鎖の長さが同じ）で、2人が別々のブランコに座って漕いでいると隣のブランコの揺れ幅に関係なく2つのブランコの揺れの周期が同じになっています。ブランコに座って漕いでいる人の体重に関係なく、ブランコの1往復する時間が同じことに気付きます。

途中で隣のブランコの人が立って漕ぎ始めると、ブランコの揺れが速くなるのが分かります。立ったことで重心までの長さが短くなり、1往復する時間が短くなったからです。

このようにブランコの動きからいろいろなことが見えてきます。

旅行等に出かけると、さらに別の世界が見えてきます。

海岸近くの植物を観察すると、葉の光沢や厚さ、根の張り方等に特徴があることに気付きます。なぜ海岸周辺では、このような違いがあるのかを考えていくと植物を見る目が変わってきます。

また、空気の澄んだ場所で見る夜空の星は数の多さや輝きの美しさに感動し、多くのことを想像させ、夢が広がります。

実際に見る夜空の星は、科学館等のプラネタリウムで投影されるものとは違い、宇宙の広さを感じさせます。反対に谷間の狭い山間の空で見る大熊座の北斗七星やカシオペヤ座の大きさにはびっくりすることでしょう。

夏の南天で赤く輝いているさそり座の1等星アンタレス、冬の南天のオリオン座にはリゲルとベテルギウスの2個の1等星が輝いています。共に日本で見られる代表的な星座です。星の色は黄色だけでなくいろいろな色をして輝いていることが分かります。

昼間、川に目をやると蛇行している両岸の景観の違い、川原の石の様子と水の流れとの関係、川の中央と両端では流れる水の速さが違うこと等、さまざまな景色が見られます。時には魚が川の流れに逆らって力強く泳いでいるのを見ることもあるでしょう。

山に登り大声で叫べば「こだま」が返ってきます。声（音）は光と同じように反射することを体験することができます。

噴煙を上げている火山を見て、地球が生きていることを実感することもあるでしょう。

また、温泉の湯に浸ると肌がつるつるすることや、ヒリヒリすること等から、その泉質がアルカリ性か酸性かを考えたり、飲める湯、美肌の湯、傷を治す湯等の温泉の効用を調べるのも楽しいでしょう。

近くの駅まで歩いていると信号機に出会います。その信号機には発光ダイオードが使わ

れています。なぜ、発光ダイオードが使用されるようになったのでしょうか。

　また、信号機の多くは横に取付けられ緑色、黄色、赤色を点灯させています。しかし、テレビのニュース等で見る雪国の信号機の多くは積雪を考慮して縦に取付けられています。

　新聞等で発表される1、2月の天気図は、日本海側の北陸地方は雪マークが多く、太平洋側の関東地方は晴れマークが多くなっています。旅行等で機会があったら、電車や車の車窓等から、実際の景色を見ながらその違いを確かめることもいいでしょう。

　夏の暑い日にコップに氷水や冷たいジュースを入れるとそのコップの外側に水滴が付きます。冬は暖房をつけた部屋の窓ガラスの内側が曇ったり水滴が付いていることがあります。水滴は夏も冬も同じような現象（結露）で見られます。

　洗濯をし、脱水を済ませたばかりの衣類は重いのに乾燥させた後、取り入れる時の衣類の重さはずいぶん軽くなっています。なぜ、軽くなったのでしょう。その原因を追究していくだけでも楽しくなります。

　このように挙げていくと切りがありません。

　しかし、ここに挙げてきたすべてのことは現在小学校で学習している小学校理科の基礎・基本として扱われているものです。

　私たちの生活が身近な自然と密接に関わっていることを知ることで、改めて小学校理科がもつ素晴らしさを再認識するでしょう。

　小学校理科はまさに宝が一杯の教科と言っても過言ではありません。

　指導者がこれらのことを理解し、意識し、事象との出会いを積極的に授業の中に取り入れ活用していくことで、子供たちはより生活に密着した楽しい理科を身近に感じ、自分自身の問題として活動を広げ自然を見る目も育っていくことでしょう。

2　見方を変えると新たな発見が

　力が同じくらいのAとBが野球のバットを使って力比べをします。

　Aはバットの太い部分を、Bは細い柄の部分を握って、それぞれが反対方向に回します。勝負がついたら、バットを逆にして行います。結果はどうでしょうか。いずれも太い方を握った人が勝つでしょう。その理由を考えてみましょう。

　まず、次のことを想像してみてください。バットの太い部分を固定して細い柄の部分を強い力で太い方へ押し込んでいきます。その結果、バットの太い部分と柄の部分とが重なって**二重の輪**になり**輪軸**ができます。輪軸の大きい輪は小さい輪より力で得をしていること

が分かります。

　次は、ハサミについて考えてみましょう。

　ハサミで物を切る際、先の方で切るのと手元の方で切るのでは、手元に近い方が楽に切れます。どうして手元の方が楽に切ることができるのでしょうか。その理由を考えてみましょう。

　まず、想像してみてください。ハサミ全体に強力な圧力を加えて、出っ張り等をなくし、細長い長方形の板ができたことを考えてください。次に、その板の真ん中に穴を開け、支柱を立てると**てこ実験器**ができます。

　このてこ実験器を使ってハサミで物を切る際の様子を考えてみましょう。支点と手を入れる箇所（力点）は変わりません。変わるのは紙を切る箇所（作用点）になります。作用点が支点に近づく程、力点にかかる力が小さくなります。

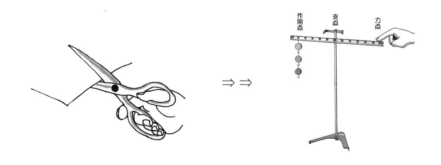

3　子供は理科が好き

　最近は子供の「理科離れ」、「理科嫌い」という言葉をあまり耳にしなくなりましたが、1980（昭和55）年頃からマスコミ等で子供の「理科嫌い」、「理科離れ」が取り上げられるようになったことがありました。

　この頃、国の予算の見直しが行われ、教育関係の予算も削減されました。

　そのため当時、各都道府県や市町村理科センター等で行っていた理科研修会等の回数は

減り、実験、観察、巡検等の研修が少なくなりました。

　特に教員の理科実技研修や伝達講習等の回数が少なくなったことで、新しい実験内容や情報が各学校に伝わりにくくなってきました。この流れは子供たちにも影響しました。

　また、小学校低学年の社会科と理科の在り方が取り上げられ課題となってきました。その主な理由は「この時期（小学校低学年）は、内容の暗記や知識に走りすぎるより、実際にいろいろなことを体験させることが大切ではないか」という声でした。その後、多くの検討会が行われ2年間の移行期を経て1992（平成4）年度施行の学習指導要領から、従来の小学校低学年の社会科と理科をなくし、新たな教科として生活科が誕生しました。

　さらに、2002（平成14）年度施行の小学校学習指導要領で文部科学省は詰め込み教育といわれてきた今までの反省からか、ゆとり教育を前面に出し、全体の授業時数や授業内容を大幅に減らしました。

　その結果、授業時間は少なく授業内容は基礎・基本的なものが多くなり、観察や実験を通して探究する新しい発見や魅力的なものが薄れ、子供の興味・関心や意欲の低下が見られるようになってきました。

　このような一連の流れから考えると、子供は決して理科が嫌いになったわけではなく、理科と触れ合う時間や機会が少なくなったと考えた方が正しいといえるでしょう。

　当時、私は「理科離れ」、「理科嫌い」と言う人の言葉が不思議でした。本当の学校現場を見ていないで言っているのではないかと思ったからです。実際に学校現場で子供と接していて、子供は理科が好きだと思うことがたくさんあったからです。

　毎日の授業で教師がきちんと教材研究を行い、子供サイドに立った授業を行えば、子供は事象から自分たちで問題や課題を見付け、その解決のための予想を立て、自分たちで考えた方法で実験を行い、検証していきます。

　そして、自らの力で問題や課題を解決した時の子供の喜びや満足した姿は最高の表情をしています。経験者だけが体験できる至福の時といえるでしょう。

　これら一連の取り組みはその子の力となって育っていきます。

　私はこのようなことがきっかけで、理科好きになった子供をたくさん見てきました。もちろん子供だけではありません。教師にも同じことがいえます。

　学校現場では小学校教員の多くは理科が専門ではありません。国語、社会、体育、音楽等を専門にしている教師もいます。

　しかし、小学校ではその教師が着任した学校の校内研修会で理科の授業を行うことがあります。

　理科が得意ではない教師は、良い授業を行おうと学年やグループ等で教材研究を行い、意見を出し合ったりする中で、しだいに理科が面白くなり理科に興味・関心を持つように

なった例を見てきました。

　また、子供が理科の授業で事象との出会いで問題や課題を見つけ、それらを解決するための実験方法や実験後の考察等で意見交換をしながら授業を深めていく中で、子供と共に考え、子供と共に学んでいく面白さや楽しさを経験することで理科好きになった教師をたくさん見てきました。

　子供も大人も知的好奇心はあります。知的欲求を持っています。今まで分からなかったことが、分かるようになることは嬉しいことです。このことは、子供も大人も同じです。

　子供たちにはより多くの実体験をさせたいものです。特に小学校時代はそれが必要です。この時期により多くの事象と触れ合うことで、より幅広い思考を生み出す芽が育っていきます。

　教師が子供1人ひとりの好奇心を上手く引き出すことで授業は盛り上がり、子供は積極的に問題解決に取り組みます。

　教師は子供と一緒に問題を解決しながら、その活動をサポートしていくことが大切になってきます。

　本来、子供は思考し行動することが好きです。その子供たちが秘めている力を引き出す場を、より多く作り出すのが教師の役目と言ってもよいでしょう。

❶　蛇足になりますが・・・

1　東京と札幌、日の出はどちらが早い ？

　標記の件について、一緒に考えてみましょう。

　「東京と札幌では、日の出時刻はどちらが早いでしょうか」と尋ねられたら、あなたはどちらと答えますか。おそらく東京より東に位置する札幌と答えるのではないでしょうか。本当に札幌でよいのでしょうか。

　次の表を見てください。

この表は、2020（令和2）年の各地の**日の出時刻**を表したものです。ただし、12月22日の冬至は2019年のものです。

	12月22日 （冬至）	1月3日	1月21日 （大寒の翌日）	2月6日 （立春の翌々日）	3月21日 （春分の日の翌日）
札　幌	7：03	7：06	7：00	6：45	5：36
東　京	6：47	6：51	6：48	6：38	5：43
大　阪	7：01	7：05	7：03	6：53	6：00
福　岡	7：19	7：23	7：21	7：12	6：21

（NHK ラジオ第1「明日の日の出時刻」より）

いかがですか。

　札幌と東京の12月22日、1月3日、1月21日、2月6日の日の出時刻を比べると東京の方が札幌より早くなっているのが分かります。

　次に、札幌と大阪を比べると12月22日、1月3日は大阪の方が早くなっていますが、1月21日になると札幌の方が早くなっています。

　また、札幌を除く東京、大阪、福岡の3都市で比べるといずれの日も東京、大阪、福岡の順になり、東に位置する都市の方が日の出が早くなっています。

　しかし、1年間を通してみると東京よりさらに西にある大阪の日の出時刻が札幌より早くなる期間があるのには驚きです。

　春分の日の翌日の3月21日には日の出時刻が早い順に札幌、東京、大阪、福岡となっているのが分かります。

　ここで、最初の質問に戻りましょう。「札幌」と「東京」、どちらの日の出時刻が早いかと尋ねられたら、どちらも正解ということになります。

　その質問がいつ頃されたかによって、正解が異なるということです。質問されたら、「何月頃の日の出でしょうか」と聞き返すことが大切です。

　参考までに、高い山や周辺の島々を除いた平地で、令和2（2020）年の日本の元旦の日の出が1番早かったのは、千葉県銚子市の犬吠埼でした。

　地球は西から東にほぼ1日に1回自転しているので、太陽は東から西へと地球を照らしていきます。ところが、地球の地軸は、地球の公転面に対して垂直ではなく約23.5°傾いています。地球は、地軸が傾いたまま自転しながら太陽の周りを公転しています。そのため、太陽は南半球にある時と北半球にある時では、地球を照らす光量や時間、地域等が変わってきます。さらに球形をしている地球の形がより複雑にしているといえるでしょう。

②　どれがヒイラギの葉でしょうか？

　今までにヒイラギの葉を見たことがあると思います。そこで、下の①〜④の葉はどれがヒイラギの葉でしょうか。

①　　　　②　　　　③　　　　④

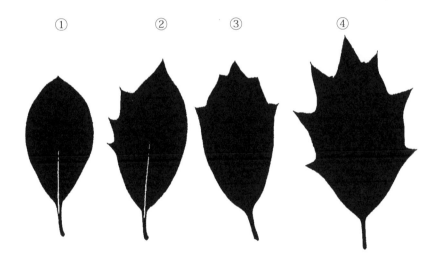

　あなたは④の葉を選んだのではないでしょうか。もちろん正解ですが、実はすべてヒイラギの葉です。4枚の葉は同じ木から採取したものですが、このように形が違っています。

　ヒイラギの葉＝葉の縁は鋭い刺げ状の鋸歯をしていると決めつけていませんか。②、③は理解できても、①の葉だけを見せられてはヒイラギと結び付けられる人は少ないでしょう。

　今回はヒイラギの葉を取り上げましたが、クワの葉でも同様に調べてみると新しい発見があるでしょう。

第2章

1　小学校学習指導要領と総授業時数の変遷

　学習指導要領は全国どの地域で教育を受けても、一定の教育を受けられるようにするため、学校教育法等に基づき各学校で教育課程（カリキュラム）を編成する際の基準として文部科学省で定めたものです。

　学習指導要領はほぼ10年ごとに見直し、小学校、中学校、高等学校の順で1年おきに改訂が行われます。

　改訂は、まず文部科学省から告示があり、その後2年間の移行期を経て、3年目の4月1日から新学習指導要領でスタートすることになります。

　移行期の2年間は、各学年の指導内容等を調整する大切な期間になります。

　削除された単元や変更になった内容、他学年に移行になったもの等を確認し、2年間の実施計画を立て、3年後の新学習指導要領のスタートに支障が出ないようにします。

　学習指導要領の改訂の趣旨や経緯、各教科内容等については詳しく記載された解説書が出版されます。また、現在使用している教科書会社からは、新旧学習指導要領や教科内容等を対比した冊子が学校へ配送されてくるので、それらを参考にするのもよいでしょう。

　さらに自分が専門としている教科や領域等については、市販される関係書物等を利用して研修することをおすすめします。

　第2章では、1971（昭和46）年度施行から2020（令和2）年度施行までの小学校学習指導要領を取り上げ、特に各学年ごとの年間総授業時数や各教科、特別活動等の授業時数と改訂時に目玉になっていたことも加え、理科・生活科を中心にまとめました。

◇ 1971（昭和46）年度施行の小学校学習指導要領より

　次の表は、学校教育法施行規則（抄）別表第1、1971（昭和46）年4月1日から施行された小学校学習指導要領の各学年の教科と道徳の年間授業時数を表したものです。

（表1）

区　　　分		第1学年	第2学年	第3学年	第4学年	第5学年	第6学年
各教科の授業時数	国　語	238	315	280	280	245	245
	社　会	68	70	105	140	140	140
	算　数	102	140	175	210	210	210
	理　科	**68**	**70**	**105**	**105**	**140**	**140**
	音　楽	102	70	70	70	70	70
	図画工作	102	70	70	70	70	70
	家　庭					70	70
	体　育	102	105	105	105	105	105
道徳の授業時数		34	35	35	35	35	35
総授業時数		**816**	**875**	**945**	**1015**	**1085**	**1085**

（注）表中の太字への変更は著者によるものです。

　各学年の年間総授業時数は、2～6年生は年間35週で、1年生は入学式等を考慮し、1週少なく34週で計算されています。また、1単位時間は小学校が45分間、中学校が50分間になっています。

　表1から、各学年の年間総授業時数は、1年生は816時間（週当たり24時間）、2年生は875時間（週当たり25時間）、3年生は945時間（週当たり27時間）、4年生は1015時間（週当たり29時間）、5、6年生は1085時間（週当たり31時間）です。

　この頃は、土曜日が半日の週6日制だったので、5、6年生の週当たり31時間の時数を消化することができました。しかし、現行の制度では仮に月～金曜日までの5日間を、毎日6時間授業で行ったとしても週31時間は消化できない数字です。

　この表1には当時週1回行われていた1～6年生までの特別活動の学級会活動と5、6年生が行っていたクラブ活動や委員会活動の時数が含まれていないので、実際の総授業時数は2時間増の33時間になります。

　高学年の1週間の日課表は、月～金曜日までの1日6時間と土曜日の3時間を加えた週33時間で行っていました。

　その中で、音楽と家庭専科教員がそれぞれ2時間を持つことで、高学年の学級担任は合計4時間の空き時間を確保でき、教材研究等の時間に充てることができました。しかし、小、中規模校では家庭専科の枠が持てないので低学年の学級担任が家庭科を2時間行うことで授業時数を調整していました。

　ところが子供たちには空き時間はなく、週33時間の授業を行っていたことになります。

　次の表は当時行われていた**5年生のあるクラスの日課表**です。いかがですか。

	月	火	水	木	金	土
1	学級会	算数	国語	国語	国語	国語
2	体育	音楽	家庭	算数	算数	算数
3	算数	理科	算数	理科	社会	社会
4	国語	理科	音楽	理科	道徳	
5	図書	図工	体育	社会	学年体育	
6	家庭	図工	社会	クラブ	習字	

　この学習指導要領は、授業時数や学習量が多く、学校生活全休にゆとりがなく「詰め込み教育」、「教育内容の消化不良」、「落ちこぼれ」等といわれマスコミで取り上げられるようになりました。

　理科の年間授業時数は、1年生は68時間（週当たり2時間）、2年生は70時間（週当たり2時間）、3、4年生は105時間（週当たり3時間）、5、6年生は140時間（週当たり4時間）でした。

　特に、5、6年生は理科の学習内容は多くありましたが、週当たりの授業時数が4時間でしたので、授業を進める上では余裕があったように思います。

◇ 1980（昭和55）年度施行の小学校学習指導要領から

　下の表は、1980（昭和55）年4月1日から施行された小学校学習指導要領の各学年の教科と領域の年間授業時数を表したものです。

（表2）

区　　分		第1学年	第2学年	第3学年	第4学年	第5学年	第6学年
各教科の授業時数	国　語	△ 272	▼ 280	280	280	▼ 210	▼ 210
	社　会	68	70	105	▼ 105	▼ 105	▼ 105
	算　数	△ 136	△ 175	175	▼ 175	▼ 175	▼ 175
	理　科	68	70	105	105	▼ 105	▼ 105
	音　楽	▼ 68	70	70	70	70	70
	図画工作	▼ 68	70	70	70	70	70
	家　庭					70	70
	体　育	102	105	105	105	105	105
道徳の授業時数		34	35	35	35	35	35
特別活動の授業時数		△ 34	△ 35	△ 35	△ 70	△ 70	△ 70
総授業時数		△ 850	△ 910	▼ 980	1015	▼ 1015	▼ 1015

（注）表中の印の記入、太字への変更は著者によるものです。
　　　印の△は前回と比べて増えた　▼は減った　無印は増減なし。

　表2から、5、6年生の国語、社会、算数、理科の▼が目立ちます。

　そんな中、全学年で行われていた学級会活動は引き継がれ、5年生以上が参加のクラブ活動は参加が4年生以上に変更になり**特別活動の授業時数**として加えられました。

　各学年の年間総授業時数は、1年生は850時間（週当たり25時間）、2年生は910時間（週当たり26時間）、3年生は980時間（週当たり28時間）、4〜6年生は1015時間（週当たり29時間）になりました。

　前回の学習指導要領で問題や課題になっていたことを考慮し、文部省（現、文部科学省）は授業時数や学習内容を減らし、道徳教育や体育を一層重視した知・徳・体の調和のとれた**「人間性豊かな児童生徒を育てる」**方向へと舵を取りました。

　さらにこの流れは、次の改訂の「ゆとり教育」へと引き継がれていくことになります。

　勤務日は、土曜日が半日の週6日制です。

　理科の年間授業時数は、1〜4年生は前回と変わりません。5〜6年生は105時間（週当たり3時間）になりました。

　このことは高学年理科で2時間続きで行われていた授業で、前半の1時間は問題作成から実験方法まで。後半の1時間は実験を行い、その結果を考察し学習問題についてまとめるという授業パターンを変えることになりました。

　また、この頃から低学年の社会科と理科の見直しが取り上げられるようになり、この2つの教科を合科した新たな教科の研究が進められるようになりました。

◇ 1992（平成4）年度施行の小学校学習指導要領から

　学習指導要領は、ほぼ10年おきに改訂されていますが、この間は実施までに12年間が経っています。

　年号は**昭和から平成**に変わり、学習指導要領では**思考力、判断力、表現力等の能力**を重視し、**生涯学習の基礎**を培うために**体験的学習や問題解決的学習**が推進されるようになりました。

　1、2年生の社会科と理科はなくなり、教科として新たに**「生活科」がスタート**しました。

　各学年の年間総授業時数及び社会科、理科、生活科の総時数は、**表3**の通りです。

区　分	第1学年	第2学年	第3学年	第4学年	第5学年	第6学年
社　会			105	105	105	105
理　科			105	105	105	105
生　活	102	105				
総授業時数	850	910	980	1015	1015	1015

　各学年の年間総授業時数は、1年生は850時間（週当たり25時間）、2年生は910時間（週当たり26時間）、3年生は980時間（週当たり28時間）、4〜6年生は1015時間（週当たり29時間）です。

　生活科は1、2年生共に週3時間です。理科は3〜6年生までが105時間（週当たり3時間）になりました。

　特に、生活科での体験的な学習をするためには、児童にどんな体験をさせればよいのか、最初は低学年の社会科と理科のどちらを中心にするか等いろいろと試行錯誤しましたが、生活科の教科書が指針となり、広い領域での児童中心の活動が行われるようになりました。

◇2002（平成14）年度施行の小学校学習指導要領から

　2001（平成13）年1月6日に中央省庁再編により、文部省と科学技術庁を廃止、統合**して文部科学省が設置**されました。

　文部科学省は2002（平成14）年度から、**「ゆとり教育」**と共に**完全学校週5日制を施行**しました。

　この学習指導要領は、「ゆとり教育」を目指し、各学年の学習内容や年間総授業時数を大幅に削減しました。また、**3年生以上は「総合的な学習の時間」が新設**（P30「❷蛇足になりますが・・・」参照）されました。

　各学年の年間総授業時数及び理科、生活科、**総合的な学習の時間**の総時数は、**表4**の通りです。

（表4）

区　分	第1学年	第2学年	3学年第	第4学年	第5学年	第6学年
理　科			70	90	95	95
生　活	102	105				
総合的な学習の時間			105	105	110	110
総授業時数	782	840	910	945	945	945

　各学年の年間総授業時数は、前回と比べ1年生は782時間で68時間減、2年生は840時間で70時間減、3年生は910時間で70時間減、4～6年生は945時間で70時間減です。

　総合的な学習の時間は、1、2年生はありません。3、4年生は105時間（週当たり3時間）、5、6年生は110時間（週当たり3時間とプラス年間5時間）です。この時数は、国語、算数に次いで3番目に多い時数になっています。

　生活科は1年生が102時間、2年生は105時間で前回と変わりません。

　理科は3年生は70時間で35時間減、4年生は90時間で15時間減、5、6年生は95時間で10時間減です。

　各学年の総時数は、教科によって35週で割り切れない数字になっています。このことは、同じ日課表で1年間通すことができず、年間授業時数を計算して、年度途中で日課表を変更することになります。いずれにしても、年間授業時数は大幅に減ったことが分かります。当然、学習内容も大幅に減りました。資源が乏しい日本の教育でここまで削減して大丈夫なのかと不安になりました。

◇ 2011（平成23）年度施行の小学校学習指導要領から

　2002（平成14）年度施行の小学校学習指導要領の目玉**「ゆとり教育」**は、学習内容や授業時数を大幅に削減しすぎ**教育の低下をもたらしている**ということで**全面見直しが行わ**れ、2011（平成23）年度施行の小学校学習指導要領は学習内容や授業時数を大幅に増加することになりました。

　また、小学校で**初めて「外国語活動」**の時間が、5、6年生に**設置**されました。

　各学年の年間総授業時数および理科、生活科、**外国語活動**、総合的な学習の時間の総時数は、**表5**の通りです。

区　分	第1学年	第2学年	第3学年	第4学年	第5学年	第6学年
理　科			90	105	105	105
生　活	102	105				
外国語活動					35	35
総合的な学習の時間			70	70	70	70
総授業時数	850	910	945	980	980	980

　各学年の年間総授業時数は、前回の学習指導要領と比べ1年生は850時間で68時間増、2年生は910時間で70時間増、3年生は945時間で35時間増、4～6年生は980時間で35時間増になりました。

　生活科は前回と同様、1年生は102時間、2年生は105時間で変わりません。
　理科は、3年生は90時間で20時間増、4年生は105時間で15時間増、5、6年生は105時間で10時間増です。
　5、6年生に新設された**外国語活動**は、35時間（週当たり1時間）です。
　総合的な学習の時間は前回と同様、1、2年生はありません。3、4年生は70時間で35時間減、5、6年生は70時間で40時間の大幅減です。
　年間授業時数は増え、それに伴い学習内容も増えました。
　全体的に大幅に増え、**ゆとり教育からの転換**を目指していることが分かります。

◇2020（令和2）年度施行の小学校学習指導要領から

　文部科学省より2017（平成29）年3月31日に、2020（令和2）年度から実施される学習指導要領が告示されました。
　今回の大きな改革は、
　①**道徳が特別教科として全学年**に位置付けられたこと。
　②**3、4年生に「外国語活動」**が設置されたこと。
　③従来の**5、6年生の外国語活動が「外国語」**として教科になったことです。

　各学年の年間総授業時数および理科、生活科、**外国語、外国語活動**、総合的な学習の時間の総時数は**表6**の通りです。

（表6）

区　分	第1学年	第2学年	第3学年	第4学年	第5学年	第6学年
理　科			90	105	105	105
生　活	102	105				
外　国　語					70	70
外国語活動			35	35		
総合的な学習の時間			70	70	70	70
総授業時数	850	910	980	1015	1015	1015

　各学年の年間総授業時数は、1年生が850時間、2年生は910時間で前回と変わりません。3、4年生は**「外国語活動」**の35時間（週当たり1時間）が加わり、3年生は980時間、4年生は1015時間。5、6年生は「外国語活動」に代わって**「外国語」**の70時間（週当たり2時間）が教科として加わり1015時間になりました。

　生活科、理科の時数は前回と変わりません。
　3年生以上の総合的な学習の時間も70時間（週当たり2時間）で変わっていません。
　各学年の取り組みや内容は変わりましたが**総授業時数は「ゆとり教育」前の1992（平成4）年度施行の学習指導要領とまったく同じ**になりました。

2　小学校理科目標の変遷

（1）　社会の変化
　日本は天然資源が少ないため、それらの多くを外国から輸入し、いろいろな物を作り製品化し、外国へ輸出することで外貨を得て国が潤ってきました。
　ところが、最近の科学技術の進歩は、先進国はもちろん発展途上国といわれる国々においても目覚ましく、多くの部門で日本を脅かすようになってきました。この傾向は今後も強くなっていくことが予想されます。
　21世紀はグローバル化がさらに進み、新しい知識・技術・情報等を中心にこれらが社会のあらゆる領域で、活動の基盤をなすことが考えられます。

　日本の教育については2000（平成12）年頃から、国際的な学力調査の結果等からその低下が懸念され、特に児童生徒の思考力・判断力・表現力等に課題があることがマスコミ等で取り上げられるようになりました。

さらに、国内の教育機関等の調査結果でも児童生徒の学力低下が見られたこと等から、学校教育の在り方を見直すことが社会問題になりました。

そんな中、小学校は 2002（平成 14）年度から、中学校は 2003（平成 15）年度から施行された、いわゆる**「ゆとり教育」そのものが問題**になってきました。資源に乏しい日本が、今日の繁栄を築いたのは国民の努力はもちろんですが、教育の力によるところが大きかったといえるでしょう。

中央教育審議会は、前回の改訂で大幅に削減した教育内容を見直す方向で検討を始めました。

その結果、文部科学省は学習指導要領改訂の目玉であった**「ゆとり教育」**を実施途中で見直し、各教科の学習内容や授業時数を増やす方向で調整し、小学校は 2011（平成 23）年度、中学校は 2012（平成 24）年度施行の学習指導要領で大幅に改訂しました。

本来、ほぼ 10 年おきに見直していた学習指導要領の改訂を繰り上げ、算数・数学科、理科の教科は 2 年前倒して、小学校は 2009（平成 21）年度、1 年遅れで中学校が施行されました。

全教科領域が改訂された学習指導要領がスタートしたのは、小学校が 2011（平成 23）年度、中学校が 2012（平成 24）年度になりました。

(2) 理科目標の変遷

小学校理科目標の変遷を見ていくと、1992（平成 4）年度施行の学習指導要領では、「自然に親しみ、観察、実験などを行い、問題解決の能力と自然を愛する心情を育てるとともに自然の事物・現象についての理解を図り、科学的な見方や考え方を養う。」となっています。

その後、2002（平成 14）年度施行の学習指導要領で新たに**「見通しをもって」**が目標の中に加えられ、2011（平成 23）年度施行（算数、理科は 21 年度）の学習指導要領では、さらに**「実感を伴った」**が目標の中に加えられました。

その結果、2011（平成 23）年度施行の理科の目標は、「自然に親しみ、見通しをもって観察、実験などを行い、問題解決の能力と自然を愛する心情を育てるとともに、自然の事物・現象についての実感を伴った理解を図り、科学的な見方や考え方を養う。」と改訂されました。

理科教育では**「見通しをもって」**、**「実感を伴った」**の文言は、いずれも大切な意味を持っています。

例えば、子供が事象との出会いで、問題や課題を持ち、その解決のために予想し、観察や実験方法を考え、それに基づいて観察や実験を行っていく問題解決学習の一連の流れは、

常に**見通しをもって**行うことが基盤をなしているからです。

　また、**実感を伴う**ことは教科書だけによる理解ではなく、実社会において活用されている科学的なものを実際に見たり、触れたりして体験することで、私たちの日常生活が科学と密接に関係していることを理解することになります。机上の知識ではなく、活きて働く知識を重要視したことが分かります。

　これらが実践されることで、子供にとって理科がより身近な楽しい教科になることが期待されるからです。

　参考までに、2012（平成24）年度施行の中学校学習指導要領理科の目標は、「自然の事物・現象に進んでかかわり、目的意識をもって観察、実験などを行い、科学的に探究する能力の基礎と態度を育てるとともに自然の事物・現象についての理解を深め、科学的な見方や考え方を養う。」となっています。

(3) 2020（令和2）年度施行の理科目標

　2017（平成29）年3月31日に、2020（令和2）年度施行の学習指導要領が文部科学省より告示されました。

　それによると2020（令和2）年度施行の学習指導要領は、前々回の「ゆとり教育」からの脱却を受けた、前回の学習指導要領の学習内容や授業時数等は、一部を除いてほば踏襲しているといえるでしょう。

　しかし、目標等の表示方法についてはずいぶん違いがあります。

　2020（令和2）年度施行の理科目標は、

　「自然に親しみ、理科の見方・考え方を働かせ、見通しをもって観察、実験を行うことなどを通して、自然の事物・現象についての問題を科学的に解決するために必要な資質・能力を次のとおり育成することを目指す。

　　(1) 自然の事物・現象についての理解を図り、観察、実験などに関する基本的な技能を身に付けるようにする。

　　(2) 観察、実験などを行い、問題解決の力を養う。

　　(3) 自然を愛する心情や主体的に問題解決をしようとする態度を養う。」

となっています。

　このように理科の目標は表示の仕方が従来と変わりましたが、2011（平成23）年度施行の学習指導要領の枠組みや教育内容などの基本的のものは踏襲されています。

　これまでの理科の目標は1つの文（P24参照）で表示していましたが、2020（令和2）

年度施行の学習指導要領は**前文の後、資質・能力を3つに分けて**具体的に表示しています。

その資質・能力の3つの観点は、

（1）が「知識及び技能」を身に付ける（習得）。

（2）が「思考力、判断力、表現力等」の力を養う（育成）。

（3）が「学びに向かう力、人間性等」の態度を養う（涵養）。

となっています。（1）、（2）、（3）は、それぞれが独立しているものではなく問題解決を進めていく上で相互に関連し合うものです。従来の学習指導要領では、目標の中にこれらの観点は記載されていませんでしたが、指導者はこれらの観点を常に意識し、授業を行っていました。

今回の改訂では**全教科とも形式が統一**され観点をきちんと**目標の中に位置付けた**ことで、**各教科目標のねらいがより明確化**されたといえるでしょう。

（4）学年の理科目標及び内容の編成

2011（平成23）年度施行の小学校学習指導要領は、これまで小学校理科で長年使用してきた**3区分**

A「生物とその環境」

B「物質とエネルギー」

C「地球と宇宙」

を変更し、中学校理科及び高等学校理科との接続を考慮して、その領域に合わせ**2区分**

A「物質・エネルギー」

B「生命・地球」

になりました。

2020（令和2）年度施行の小学校学習指導要領は、前回と同様に中学校理科**「第1分野」**、**「第2分野」**との接続を重視しこの区分は、そのまま継続されています。

学年の理科目標の表示の仕方は従来と異なり、A「物質・エネルギー」、B「生命・地球」の2つに分け、**それぞれにA、Bに当てはまる単元を集約**し単元ごとに、

①「知識及び技能」

②「思考力、判断力、表現力等」

③「学びに向かう力、人間性等」

の観点で書かれています。

学年の単元ごとの内容については、

①に当たる「ア」には「知識及び技能」を、

　②、③に当たる「イ」には根拠のある予想や仮説を発想し、表現するよう書かれています。

　今回の**「ア」の内容**は、前回の学習指導要領の**内容項目と対応**しており、内容は一部の単元を除き、前回の学習指導要領の**「単元の内容項目」**の文言と、ほとんど変わっていません。

　そこで、第4章で述べる単元名の左上に記載している**「単元の内容項目」**は、今回の学習指導要領の**「ア」**の**「知識及び技能」**と対応しています。

3　生活科誕生とその意義

（1）生活科の誕生

　1980（昭和55）年代頃から、低学年児童の遊びや日常生活の体験不足が社会問題になってきました。

　生活の中で靴ひもが結べない、ナイフや小刀を使って鉛筆をうまく削れない、リンゴの皮が剥けない、描いたニワトリの絵に脚が4本ある、日の出や日の入りを見たことがない、電車やバスの切符を買えない等、さまざまなことが話題になり始めました。

　低学年の時期は、社会科や理科の教科書に載っていることを丸暗記して覚えることよりも、具体的な体験を通して日常生活に必要なことを多く体験することが、人間形成に大切だという意見が取り上げられるようになってきました。

　文部科学省はこれらの課題を踏まえ、1990（平成2）年度から2年間の施行後、1992（平成4）年度施行の学習指導要領から1、2年生の社会科と理科を廃止、統合し、新たに教科として生活科を誕生させました。

　生活科の週当たりの時間数は、従来の社会科、理科を合わせた4時間よりも1時間少ない3時間になりました。

　初めてできた生活科の目標は次の通りです。

　「具体的な活動や体験を通して、自分と身近な社会や自然とのかかわりに関心をもち、自分自身や自分の生活について考えさせるとともに、その過程において生活上必要な習慣や技能を身に付けさせ、自立への基礎を養う。」

　生活科が誕生して間もなく学校現場では、「生活科は教師が子供に直接教えてはいけない」というムードがありました。

例えば、公園等の現地学習で子供が桜の木に登り枝を折っていても、引率した教師は子供の活動を重視しすぎたあまり、何も言わなかったというエピソードもありました。

　また、生活科は、10年後の次の学習指導要領改訂でなくなるのではないかという声が一部の教師間で囁かれていました。

　しかし、これらの心配を払拭するかのように、生活科は着実に学校現場に根を下ろし、成果を上げてきました。

　生活科がスタートして10年後、実践活動の成果と反省を踏まえ、2002（平成14）年度の改訂では学習指導の要点として、

　①児童の思いや願いを育てる。

　②人、社会、自然とかかわる方法を重視する。

　③情緒的なかかわりと知的な気付きを大切にする。

　④児童の多様性に応える。

　⑤新たな学びへの発展。

等の活動や思いが具体的に挙げられました。

　社会がいろいろなことでグローバル化され、車社会、核家族化社会、情報化社会等といわれる中で子供の遊びもずいぶんと変わってきました。

　生活科が誕生してから20年以上が経ち、生活科を経験した子供たちが、社会人として活躍する年代になりました。

　そんな中、生活科を学習した世代は、自分をしっかりアピールし、物怖じすることなく積極的に行動しているように思われます。

　子供たちにとって日常生活や実社会の中で、人やいろいろな物と触れ合う機会が少なくなってきているだけに、**「自立への基礎を養う」**ことを目標とする教科としての生活科は、ますます重要になるでしょう。

　2011（平成23）年度施行の生活科の目標は次の通りです。

　「具体的な活動や体験を通して、自分と身近な人々、社会及び自然とのかかわりに関心をもち、自分自身や自分の生活について考えさせるとともに、その過程において生活上必要な習慣や技能を身に付け、自立への基礎を養う。」

　生活科が誕生した1992（平成4）年度施行の学習指導要領の目標と比べると「（前略）自分と身近な**社会や自然**との（後略）」が、「（前略）自分と身近な**人々、社会及び自然**と

の（後略）」に変更されているだけです。

　このことは生活科の目標が、20 年後もほとんど変わっていない中で、自立への基礎を育てるために自分と身近な人々との関わりの大切さをより強く打ち出したことが分かります。

(2) 2020（令和 2）年度施行の生活科目標

　2020（令和 2）年度施行の小学校学習指導要領が 2017（平成 29）年 3 月 31 日に、文部科学省より告示されました。

　それによると、生活科の目標は次のようになっています。

「具体的な活動や体験を通して、身近な生活に関わる見方・考え方を生かし、自立し生活を豊かにしていくための資質・能力を次のとおり育成することを目指す。
（1）　活動や体験の過程において、自分自身、身近な人々、社会及び自然の特徴やよさ、それらの関わり等に気付くとともに、生活上必要な習慣や技能を身に付けるようにする。
（2）　身近な人々、社会及び自然を自分との関わりで捉え、自分自身や自分の生活について考え、表現することができるようにする。
（3）　身近な人々、社会及び自然に自ら働きかけ、意欲や自信をもって学んだり生活を豊かにしたりしようとする態度を養う。」

　以上のように、学習指導要領の表示の仕方は従来と変わりましたが、基本的には 2011（平成 23）年度施行の学習指導要領の枠組みや教育内容等が踏襲されています。

　生活科も理科目標と同様に、従来までは 1 つの文（P27、28 参照）で表示していましたが、2020（令和 2）年度施行の学習指導要領では、上記のように**前文の後、資質・能力を 3 つに分け**具体的に表示しています。

　その 3 つの観点は、
　（1）が「知識及び技能」を身に付ける（習得）。
　（2）が「思考力、判断力、表現力等」を育てる（育成）。
　（3）が「学びに向かう力、人間性等」を養う（涵養）。
に合わせて目標が具体的に書かれています。

　従来の学習指導要領では、これらの観点が具体的に目標の中に記載されていませんでしたが、今回は理科同様にきちんと目標の中に位置付けられ、ねらいがより明確化されています。

❷ 蛇足になりますが・・・
中学年に誕生する教科名は ？

　小学校高学年には身近な生活を対象にした教科として、家庭科があります。

　低学年には 1992（平成 4）年度に教科として生活科が誕生しました。

　次は、いよいよ中学年の番です。

　私は次の 2002（平成 14）年度の学習指導要領改訂で、中学年にどんな教科が誕生するか楽しみにしていました。

　中学年に**「身近な生活を対象」**にした教科が誕生すれば、小学校 1 年生から 6 年生まで一貫して生活・家庭を対象にした学習が行われ、「日常生活がより充実するだろう」と考えていたからです。

　私なりに考えていた教科名は、「生活・家庭」、「生活総合」、「家庭総合」でした。

　しかし、文部科学省は 2002（平成 14）年度施行の学習指導要領で、私の考えとは異なり、「ゆとり教育」を全面に出し、教科とは別枠で 3 年生以上に**「総合的な学習の時間」**を設置しました。

総合的な学習の時間の年間授業時数は**表 8** の通りです。

（表 8）

区　分	第 1 学年	第 2 学年	第 3 学年	第 4 学年	第 5 学年	第 6 学年
総合的な学習の時間			105	105	110	110

　総合的な学習の時間は、1、2 年生はありません。3、4 年生が 105 時間（週当たり 3 時間）、5、6 年生が 110 時間（週当たり 3 時間とプラス年間 5 時間）です。

　この年間時間数は、国語、算数に次ぐ 3 番目の多さになります。このことから文部科学省が総合的な学習の時間に力を入れていることが分かります。

　総合的な学習の時間は、学校現場に十分な時間を与えることで、各学校が創意工夫を凝らし、独自のカリキュラムを作り、特色ある学校経営を行うことを期待しましたが、期待したほどの成果は得られていなかったように思われます。

　総合的な学習の時間は、地域に根差した特色ある学校や教師個々の自主性を引き出す上からも、素晴らしい試みであることは間違いありません。

　しかし、学校現場では毎週行われる 3 〜 4 時間の「総合的な学習の時間」を消化するのに四苦八苦している現状が見られました。その様子は、総合的な学習の時間を活用するというよりも総合的な学習の時間に追いかけられていると言った方が正しいかもしれません。

　総合的な学習の時間は、生活科のように決められた教科書がありません。

　それだけに、全教職員が学校や地域の特性や課題を理解した上で、見通しを持って年度当初に立てる年間計画に位置付け、課題解決に向かって取り組むということは容易ではありません。

　生活科が誕生するまでに長い時間を要したのに比べ、総合的な学習の時間は施行までが短すぎたように思われます。

　学校現場では多くの総合的な学習の時間の研修会等を行い、努力したにもかかわらず、その趣旨を十分に理解できないままスタートしたように考えられます。

　総合的な学習の時間を理解し、その時間を上手に活用し、十分な成果を上げるには教師個々が相当の力をつけていることが必要です。

　そのような中で、2011（平成 23）年度施行の小学校学習指導要領では総合的な学習の時間の年間授業時数が大幅に削減され、**P22** の**表 5** のように年間授業時数は、3 〜 6 年生まですべてが、70 時間（週当たり 2 時間）に改訂されました。

　教科書がない週 2 時間の総合的な学習の時間は、学年や学級にとってより適切な時間数になったように思われます。学校生活全体にようやく慣れ親しんできた総合的な学習の時間は、これからが楽しみです。きっと独自の特色ある学校が増えてくることでしょう。

　教師も子供にとってもこれまで以上に有意義な領域となって活用されることが期待されます。

第3章

1　子供が主役の楽しい理科を

　授業が上手くいった時は、本当に嬉しいものですが、反対に上手くいかなかった時は反省の連続です。

　常に良い授業を目指して教材研究を行い、子供の反応を予想しながら頭の中で仮想授業を行い、問題があると思われる箇所を修正し、本番の授業に臨みます。それでも上手くいかないことがよくあるものです。

　そこで、授業について考えてみましょう。

　一般的な授業の流れとしては、

　　①事象との出会いから学習問題や学習課題を作成する。

　　②見通しをもって予想を立て、実験（検証）方法を考える。

　　③実験を行い、記録を取って結果をまとめる。

　　④情報交換を行い、学習問題や学習課題に対して考察し、まとめる。

　　⑤まとめと同時に新たな問題や課題が生まれることがある。

　その⑤を解決するために、新たな問題解決が②から始まる。

　このようなパターンで連続したサイクルの問題解決的な学習が行われていくことになるでしょう。

　授業の流れの①～⑤は誰が行うのでしょうか。

　教師のサポートはもちろんですが、子供1人ひとりが主役となって行うものです。ところが実際は教師だけの学習問題になってしまい、子供の問題になっていないことがあります。

　これでは主役の子供の中には興味・関心や、自分自身の問題解決という気持ちが薄れ、新しい発想が生まれにくくなっていたとしても不思議ではありません。

　それだけに授業では、最初の事象との出会いがとても大切です。

　例えば、スズメが民家の屋根の上に2、3羽いてもさほど気になりません。しかし、クジャクがいたとしたら、ただ事ではありません。そのクジャクについていろいろと考えることでしょう。

　しかし、スズメが100羽も屋根の上にいたら、その原因を考えるはずです。

クジャクと普段出会わないはずの場所です。見慣れたスズメも数の多さで、人の対応が変わってきます。このことは、事象との出会いを考える上でとても大切なことです。

子供が事象との出会いで、自ら問題や課題を作成できたら、その授業はきっと上手くいくでしょう。

そして、子供が興味・関心を持ち、実験方法を自ら考え、その考えた方法で検証していくことが大切です。

問題や課題が曖昧では良い実験方法は考えられません。教師の指示で、全員が教科書に載っている同じ実験を行うのではなく、教科書に載っている実験は、子供たちが考えた実験方法の中の1つと考えたいものです。

授業を参観している人が、実験をしている子に「何の実験をしているのですか」と尋ねた時、「この実験は、○○○を解決するために行っています」と答えられるようにしたいものです。

実験の結果が得られたら考察です。学習問題に対応してまとめることになります。より多くの情報を得るために全員で情報交換しながら話し合い、考察し、学習問題を解決することになります。この時、まとめと同時に新たな問題や課題が生まれることがあります。

そこで、新たな問題や課題を作成して、問題解決を行うことになります。この**一連の流れを問題解決学習**といっています。

全員で作成した問題や課題は、できる限り子供たちが考えた実験方法で行いたいものです。子供たちがそれらを解決した時の表情は充実感に満ちた最高の姿をしています。

このような学習活動を繰り返し行うことで、子供の発想力や想像力、創造力、思考力、判断力、表現力等は確実に育ってきます。

また、このような授業展開を子供と共に作っていくことが、教師の大切な役目といえるでしょう。

◇こんなことがありました

2月下旬の風の強い寒い日に5歳の孫が来て、「ミニトマトが倒れているよ。土もこぼれている」と言ってきました。この時期、庭にミニトマトとは。ないはずなのに？　といろいろ考えながらその場所に案内してもらい、そこで見た様子に思わず笑みがこぼれました。

倒れていたのはオモト（万年青）でした。その小さい赤い実を見て、夏に食べた庭のミニトマトを思い出したのでしょう。

夏に食べた赤いミニトマト→実際に見たオモトの赤い実→そこから赤いミニトマトを発想し行動した孫に、何とも言えない心地よい気持ちになりました。

2　大切な教材研究

（1）教材研究と系統性

　授業を行う単元の教材研究について考えてみましょう。

　まず、単元がこれまでにどのように扱われ、これからどのように発展していくのかを理解しておくと、授業の中での子供の意見や考え、呟きを上手く取り入れて授業に活かすことができるでしょう。

　「木を見て森を見ず」という諺がありますが、全体の流れを見通してから、今の位置を抑えると大きな流れの中での授業展開が考えられるでしょう。

　学年だけの横のつながりだけでなく、学年ごとの縦の系統を理解することでより深い教材研究になるでしょう。

　例えば、**物理的教材**の中の電気関係を見てみましょう。3年生「電気の通り道」で乾電池に導線をつなぐと電気が流れ、豆電球がつくことを知ります。4年生「電流の働き」で乾電池と導線のつなぐ条件を変えることで電流の流れが違ってくることを知ります。5年生「電流がつくる磁力」で導線に電流を流すと磁力が生じることを知ります。そして、6年生では電気の総決算として「電気の利用」を学びます。

　化学的教材については、5年生「物の溶け方」と6年生「水溶液の性質」で水溶液を扱っています。同じ水溶液ですが、5年生は、溶かした水溶液の中から溶かした物と同じ物を取り出します。6年生では、取り出した物は最初に溶かした物とは違った物になっています。取り出した物は化学変化をしているからです。水溶液の中で物質が変化する際に、発熱や気体が発生しているのが見られます。このように小学校で物質の化学変化の初歩を学ぶことになります。

　生物的教材の植物で見ていくと、3年生では身近な「植物の成長と体のつくり」を観察します。4年生は1年間を通して「植物の成長と季節」を気温等と関係付けて見ていきます。5年生は「植物の発芽、成長、結実」の様子を条件制御して調べます。そして、6年生は植物の成長の総まとめとして「でんぷんのでき方」を扱います。

　植物は動物と違って食べ物を探してその場を動くことができません。しかし、植物は成長しています。植物は、どのように工夫しながら子孫を絶やすことなく維持しているのかという視点で新たな発見や発想が生まれ、見方や考え方が変わっていくでしょう。

　地学的な教材の中から地球の内部と土地の表面変動を見てみましょう。

　4年生「雨水の行方と地面の様子」では、降る雨が校庭の表面等を変えているのが観察できます。その現象をもう少し広い視野で捉えると5年生の「流れる水の働きと土地の変化」がより具体的に見えてくるでしょう。そして、6年生「土地のつくりと変化」の解明に挑戦することになります。

　土地のつくりと変化を推論していくには、4、5年生で学んだことが基礎・基本になります。それらを取り入れながら土地のつくりと変化をより多くの資料を活用しながら、時間的な長さと空間的な広がりの中で推論していくことになるでしょう。

◇こんなことがありました

　1970（昭和45）年頃、6年生の教科書に「ニワトリの卵」として、ニワトリの卵が成長していく過程を調べていく単元がありました。

　当時、学校では孵卵器を用意し、その中に10数個の有精卵を入れ、温度や湿度等を調節しながら時々、卵を回したりして、その発生を見守りました。その成長の途中で、卵の中の胚の変化を調べるために卵の殻の一部をヤスリで切りピンセットで取り除き、中の様子を調べます。

　卵は温め始めて3日目頃には、すでに心臓が動き7日目頃には胚から伸びた血管が小枝のように全体に広がり、卵黄の部分や卵白の部分から、養分を吸収し成長していく様子が見られるようになります。

　ところがこれらの発生の様子を観察する際、子供の中にはその様子に目を背けたり、家庭で卵を食べなくなったりすることが起きてきました。

　この単元は4年生のショウジョウバエと共に次の教科書から削除されました。ショウジョウバエは不衛生だということが主な理由でした。

　「ニワトリの卵」や「ショウジョウバエ」について時間をかけていろいろと研修・研究してきたのに、今までの努力は何だったのかと残念に思うと同時に教科書に対する考え方が変わってきました。教科書に載っているものだけを教えるのではなく、その教材を通してものの見方や考え方を育てることの大切さを学びました。

(2) 教材研究と予備実験

第3章のP32の「1　子供が主役の楽しい理科を」で、事象との出会いが大切であることを述べました。

理科は教材研究を行う上で予備実験が重要となります。それは予備実験を行うことでいろいろな問題や課題が明らかになってくるからです。

例えば、3年生から使用する棒温度計です。棒温度計は使用前に温度計の液柱先の目盛りを見ると温度計によって温度差が見られることがあります。中には液柱が途中で切れている物もあります。使用前に水を入れたビーカーの中に温度計を入れ、同温度を指す物を選ぶことが必要になるでしょう。

5年生「**電気の働き**」で児童が電磁石を作る際、鉄心に導線を巻いていく作業は、大人でも途中で導線を絡ませてしまうことがあります。実際に教師が電磁石を作ることで、児童がつまずきそうな箇所を事前に把握することができ、適切な支援につながります。

6年生「**植物の養分と水の通り道**」では、根から吸い上げられた水がどこを通って植物全体に行き渡っているか追究します。水のままでは水が通った跡が分かりません。そこで水を着色して調べることになるでしょう。その際、実験に使用する植物はどの草花が適しているか。着色する薬品はどれがよいか、液の濃さや植物を液に浸す時間はどれくらいが適当か等、多くの課題があります。

また、6年生「**水溶液の性質**」では、溶かす水溶液の濃度や溶かされる金属が問題になります。塩酸は2mol/Lがよいか、3mol/Lがよいか迷います。あまり濃くすると危険であるし、薄すぎると反応に時間がかかり45分間の授業では実験の結果が得られないことになります。授業展開を考え水溶液に入れる金属の種類やその大きさや量も考えなくてはなりません。その結果によっては授業の流れが変わってきます。

中でも気を付けないといけないのは**植物教材**です。その時になって慌てることがよくあります。例えば、単元によってジャガイモやホウセンカ等の植物を使用しようとした際、まだ成長が遅く実験に間に合わないことがあります。自然が相手の植物栽培は年間を通して、計画的に栽培し準備をしておくことが必要です。

指導者は実際の授業を想定し、それらの条件を踏まえて予備実験を何度も繰り返し最適なものを選ぶことになります。

3　授業の流れを考える

（1）授業の流れを考えて単元構成を

　第4章　P116、6年生「**人の体のつくりと働き**」を例に、単元構成を具体的に考えて
みましょう。

動物は生きるために食物を食べ、呼吸をしている。

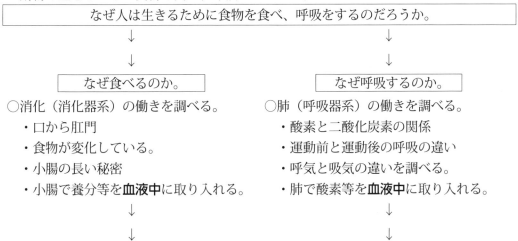

| なぜ人は生きるために食物を食べ、呼吸をするのだろうか。 |

↓　　　　　　　　　　　　　　↓

↓　　　　　　　　　　　　　　↓

| なぜ食べるのか。 |　　　　| なぜ呼吸するのか。 |

○消化（消化器系）の働きを調べる。　　　○肺（呼吸器系）の働きを調べる。

　・口から肛門　　　　　　　　　　　　　・酸素と二酸化炭素の関係

　・食物が変化している。　　　　　　　　・運動前と運動後の呼吸の違い

　・小腸の長い秘密　　　　　　　　　　　・呼気と吸気の違いを調べる。

　・小腸で養分等を**血液中**に取り入れる。　・肺で酸素等を**血液中**に取り入れる。

↓　　　　　　　　　　　　　　↓

↓　　　　　　　　　　　　　　↓

| **血液中**に取り入れられた養分や酸素等はどのようにして全身へ行き渡るのだろうか。 |

　・全身に網の目のように張られている**血管の中を**

　　流れている血液によって運ばれている。

　・**心臓**が血液を送っている。

↓

↓

| **心臓**はどのような働きをしているのだろうか。 |

　○心臓（循環器系）の**働き**を調べる。

　　・心臓は血液を全身に送っている。

　○**呼吸、消化、吸収、排出等と臓器との関係**を調べる。

　　・**肝臓の働き**　・**腎臓の働き**

↓　　　　↓

↓　　　　↓

| 　人は酸素や養分等を血液中に取り入れ、心臓の働きで全身に送り、不要な物は体外へ排出している。人の体は本当によくできている。 |

　　○**肺がない魚はどうしている**のだろうか。

　　　・他の動物についても関心を持つ。

（2）授業展開で重要な3つのポイント

　問題解決的な学習は、子供が事象との出会いから問題や課題を見つけ、学習問題を作り、その実験方法を考え、実験や観察等を行い解決していく一連の流れになります。

　事象から学習問題を作成するには、中学年では子供の疑問や課題に教師も加わり話し合いながら作り、高学年ではできるだけ子供たちが中心になり、作成するようにしたいものです。

　学習問題が教師の問題や課題ではなく、子供たちが作成した子供の学習問題にしたいものです。このことで子供は問題や課題が自分たちで作った自分たちの問題という意識を持って授業を進めていくことになるでしょう。

　授業展開に当たっては、次の3つのことを大切にしたいものです。

　1つ目は、児童1人ひとりが学習問題に対して、**自分が考えた解決方法（実験方法）を文字や絵を使ってノートに書く**ことです。

　教師は机間指導する中で、もし書けていない子がいたら学習問題について、再度その子と一緒に考え、支援することが大切です。

　その後のグループや全体で話し合う際、各自が自分の考えを持って参加することは、自分の考えと友達の考えの比較ができ、その違いが明確になり、問題解決への興味・関心が高まり思考力や判断力、表現力等が育ってきます。

　2つ目は、児童にとって観察や実験の**活動時間が十分にある**ことです。

　実験方法に基づいて活動する時間は、45分間の中の限られた時間になります。その時間をできるだけ有効に使いたいものです。そのためには、児童が活動に入る前に必ず活動時間を知らせることが大切です。児童は活動時間を知ることで、その時間配分を考え実践します。

　このことによって限られた時間の中でどのようにやっていくかを考え、行動する力が育ちます。

　3つ目は、まとめです。

　実験や観察を行った後のまとめは、その結果が学習問題についてのまとめになっていないことがあります。実験や観察結果等を考察しながら**学習問題に対して、まとめる**ことになります。また、まとめの際、新たな問題や課題が生まれ、それが次時への学習問題へと発展することもあるでしょう。

　このように連続していく授業が行われている時は、児童中心の楽しい授業展開になっているといえるでしょう。大切にしていきたいものです。

❸　蛇足になりますが・・・
大丈夫 ？　「アクティブ・ラーニング」！

　2020（令和2）年度施行の小学校学習指導要領は、アクティブ・ラーニングが取り上げられています。しかし、今まで行われてきた理科学習は、すでに多くの学校がアクティブ・ラーニング的な考えで取り組んでいます。

　教師からの指示待ちの受身的な授業ではなく、子供が主役の能動的な授業を試みています。教師は子供が授業に興味・関心を持ち、意欲的に問題や課題解決に取り組むよう教材研究を行っています。

　子供が最初の事象との出会いで、興味・関心を持ち、自ら疑問や課題を見出し、学習問題や課題を作成し、それらをいかに解決するか、見通しを持って解決する方法を考え、検証していくことが大切です。

　教師が考えた実験方法で、クラス全員が同じ実験を行っていたのでは、子供の発想力や想像力、創造力、思考力、判断力、表現力等は思ったように育たないでしょう。アクティブ・ラーニングという言葉に踊らされ「這い回る理科」や「話し合うための話し合いの理科」にならないよう気を付けたいものです。

　アクティブ・ラーニングは、決して新しい試みではありません。すでに多くの教師が実践しているのです。今までの自分の授業を振り返り、「アクティブ・ラーニング」を再確認し、実践に活かしていくことが大切です。

　何もしないところには何も生まれてきません。まず、1歩、あなた自身が身近な自然に働きかけることです。小学校理科は多くの事象と触れ合うようになっています。まさに宝の山が一杯と言ってよいでしょう。

　この宝の山を教師が授業の中でどのように取り入れていくかが大切です。指導者が常に前向きな姿勢であれば、その気持ちは必ず子供たちに伝わります。子供が秘めている豊かな力を引き出すよう努力したいものです。

第4章

　第4章は、全単元の学習の流れが児童の意識に沿ったストーリー性のあるものになるよう授業の展開を考えました。

　授業を行う際は、該当する単元に目を通し、自分なりに単元構成（P37参照）をしてから、授業に臨んでほしいものです。児童サイドに立ち、児童が主役の楽しい理科の授業を児童と共に展開されることを期待しています。

第3学年
[理科目標及び内容と単元の構想]

(1) 物質・エネルギー

①　物の性質、風とゴムの力の働き、光と音の性質、磁石の性質及び電気の回路についての理解を図り、観察、実験などに関する基本的な技能を身に付けるようにする。

②　物の性質、風とゴムの力の働き、光と音の性質、磁石の性質及び電気の回路について追究する中で、主に差異点や共通点を基に、問題を見いだす力を養う。

③　物の性質、風とゴムの力の働き、光と音の性質、磁石の性質及び電気の回路について追究する中で、主体的に問題解決しようとする態度を養う。

(2) 生命・地球

①　身の回りの生物、太陽と地面の様子についての理解を図り、観察、実験などに関する基本的な技能を身に付けるようにする。

②　身の回りの生物、太陽と地面の様子について追究する中で、主に差異点や共通点を基に、問題を見いだす力を養う。

③　身の回りの生物、太陽と地面の様子について追究する中で、生物を愛護する態度や主体的に問題解決しようとする態度を養う。

≪ 3年生で身に付けたい**観察・実験の技能**≫

○虫眼鏡（ルーペ）の使い方

- **動かせる物**は、虫眼鏡を目の近くに固定し、見る物を近付けて観察する。
  動かせない物は、虫眼鏡を見る物に近付けて観察する。
- 日光を集める時は、紙等を置き、そこから虫眼鏡を遠ざけながら調整する。
- 目を傷める危険性があるので、虫眼鏡で太陽を見てはいけない。

○遮光板の使い方

- 遮光板は、遮光度番号 JIS 規格13 番か14 番がよい。
- JIS 規格の物を使用し、太陽を長く見続けないようにする。

○方位磁針の使い方

- 方位磁針は水平に置く。
- 磁針の N 極が北を指して止まったら、**ケースを回して文字盤の北と合わせる**ことで、その場所の東西南北の方位が決まる。

○棒温度計の使い方

- 温度計の液溜の部分に日光が直接当たらないようにする。
- 温度計の液中の先を真横から見て目盛を読む。液中の先が目盛の中間の場合は、近い目盛を読む。
- 温度計によっては同じ温度を測定しても、示度が違うことがある。前もってビーカー等に水を入れ、調べて**同じ温度を示す物**を使用する。

○台秤や電子天秤の使い方

- 秤は水平に置く。
- 使う前に、0 の点に合わせてから使用する。
- はかる物や量によって、それらに応じた秤を使えるようにしたい。

A 物質・エネルギー

単元と内容項目 3年

（1）物と重さ

（ア）　物は、形が変わっても重さは変わらないこと。
（イ）　物は、体積が同じでも重さは違うことがあること。

━━━━━━━━━━━━━━━━━━━━━━━━━━━━━

　天秤や秤は物の重さをはかる際に使います。大人はそれらを正しく使うことができますが、小学校3年生ではまだ正しく使えない児童もいます。

　そこで、重さが同じくらいの消しゴムや鉛筆、定規等を用意し、児童に手の感覚で重い順に分けてもらいます。

　しかし、児童の意見は分かれ、どれが重く、どれが軽いかの結論が出ません。話し合いの結果、天秤や秤を使えばよいことに気付き、それを使うことになります。

　ここで初めて天秤や秤の正しい使い方を学び、はかる物によって、いろいろな天秤や秤が使われていることを知ります。

　天秤や秤を正しく使えるようになると、調べる対象物も広がってきます。消しゴムや鉛筆、定規等の重さは、置き方や向きを変えても全体の重さは変わりません。粘土等のように**「物の形を変えたらどうなるのか」**という新たな問題が生まれてきます。

　例えば、粘土の重さを秤ではかった後、その粘土をいくつかに分けたり、形を変えたりしても、全体の重さは変わらないことを確かめます。また、軽いアルミ箔等は電子天秤を使用することで、細かく切ったり、形を変えても、同様に調べることができます。

　中には、「アイスを溶かして比べてみたい」という児童もいるでしょう。大人では気付かないことです。いずれにしても、児童の考えを大切にしながら楽しく進めてみましょう。

　これらの活動を通して、はかる物によって秤を選択する能力を身につけてほしいものです。

　さらに、ガラス、鉄、木、ゴム等を使って同じ大きさや形の物でも、その種類によって重さが異なることを実際に確かめてみましょう。

　私が子供の頃、遊びの中で「鉄1kgと綿1kgはどちらが重いか」と聞かれ、ただちに、「鉄の方が重い」と答えた記憶があります。鉄は重いというイメージがそう答えさせたのでしょう。

　児童には同じ1kgの重さの鉄と綿で、その量の違いを実際に体験させてやりたいものです。

こんな活動もしてみましょう

① **体重計にのって、いろいろなポーズをとり、その時の体重をはかってみましょう。**

　　体重計にのって、両足で立った時、片足を上げた時、座った時の姿勢で体重をはかってみましょう。いかがでしたか。体重計の上で姿勢を変えても重さは変わらないことが分かります。

② **小麦粉、きな粉、砂糖、食塩をプリンカップに摺り切りに量り取り、重さを比べてみましょう。**

　　小麦粉やきな粉のような小さな粉の重さを比べる場合、1粒ずつ取り出して比べることは容易ではありません。そこで、プリンカップのような小さくて軽い容器に摺り切りに入れ、同体積とみなして、天秤や電子天秤等を使って重さを調べます。

　　きな粉と小麦粉では、粒の大きさはほとんど問題になりませんが、小麦粉と食塩では粒の大きさが違います。大きい粒子の集まりになるほど、その隙間が大きくなります。容器に入っている両方を同じ体積と見なしてよいか問題になるでしょう。そこで、ふりかけ用のゴマ塩について考えてみましょう。瓶に入っているゴマの粒と塩の粒の大きさは明らかに違います。

　　また、液体同士でも同様のことが起きます。例えば、水50mLとエチルアルコール50mLを加えても、全体の量は100mLになりません。両方の粒の大きさの違いを想像することで、大きい粒の間に小さい粒が入り、全体の量が少なくなったと考えることができます。

③ **水に沈んでいる卵や果物を食塩水で浮かしてみましょう。**

　　ニワトリの卵は水に沈みますが、果物は水に浮く物と沈む物があります。

　　そこで、卵が沈んでいる水槽に食塩を加えていきます。ある程度の食塩水の濃さになると卵は浮いてきます。同体積で比べると食塩水より卵の方が軽くなったからです。水に沈んでいる果物についても調べてみましょう。

（2）風とゴムの力の働き

（ア）　風の力は、物を動かすことができること。また、風の力の大きさを変えると、物が
　　　動く様子も変わること。

（イ）　ゴムの力は、物を動かすことができること。また、ゴムの力の大きさを変えると、
　　　物が動く様子も変わること。

───────────────────────────────

　「風の力の働き」と「ゴムの力の働き」のどちらの単元を先に行うか、問題になること
があります。ここでは「風の力の働き」から入ります。

　児童は日常生活で風が強い日に木の枝が激しく揺れたり、紙が飛ばされたり、校庭や公
園の土が巻き上げられている様子を見ています。また、暑い日はエアコンを使ったり、扇
風機やうちわで風を送り涼をとっています。

　最近は少なくなりましたが、私の子供の頃は風車や凧揚げ等の風を利用した遊びの中で
風の働きを知りました。

　児童は日常生活の中でいろいろな場所で風との出会いを経験しています。そこで導入は
全員で風について話し合い、エネルギーとしての風の力を考え、風で動く物を作り、それ
らが風の強弱によって動きが違うことを確認します。

　さらに各自が風で動く車を作り、送風機等で風を当て、車が動くのは風の強さや風の当
たる角度での違いを調べ、車の走る距離との関係を表やグラフで表し、その結果をまとめ
て発表します。

　次はゴムの力の働きを考えます。「ゴムも風と同じように物を動かすことができるだろ
うか」ということから、ゴムの働きを調べていくことになります。

　「風の力の働き」で使った車を、ゴムの力で動くように改良して、調べることになります。
1本の輪ゴムを使い、ゴムの伸ばす長さを変えることで車の走る距離を測定し、ゴムの伸
びとの関係を明らかにしていきます。

　児童の「もっと遠くまで走らせたい」という願いから、ゴムを長く引っ張ったり、ゴム
を二重にしたり、太いゴムを使用したりして、それらの結果を比較し、その違いからゴム
のエネルギーとしての基礎的な概念を体得することになります。

　私は、初めてバンジージャンプを見た時は驚きました。いくら強力なゴム紐が身体に着
けられ、安全といわれても私には怖くてできません。テレビで高い橋の上から川へ向かっ

て飛び降りるシーンを見ると、胸がドキドキします。飛び降りた直後は、大きく上下へ弾み2回、3回と繰り返すうちに、揺れ幅が小さくなってやがて止まります。

こんな活動もしてみましょう

① 風車や凧を作り、風の力を利用して遊びましょう。

いろいろな風車や凧が考えられます。

まず、教科書等を参考にして作り、それを使って風の力で回したり揚げたりしながら、より良い物に改良しましょう。特に凧揚げをする際は、周りに気を付けて行いましょう。

② 木の枝とゴムひもを使ってゴム銃を作り、的あて遊びをしてみましょう。

木の枝のY字部分を利用して作ります。Y字部分の先端近くにナイフで切り込みを入れ、ゴムが上下にずれないようにしてから、その溝にゴムひもを固くしばります。

ゴムひもの真ん中辺りに玉を置き、ゴムで玉を包み込むようにして親指と人さし指、中指の3本の指で押さえゴムを引っ張ってから、指を同時に離すと玉が前方に飛びます。玉を飛ばす方向には十分注意し、安全に気を付けて行いましょう。

③ ゴムで動く糸車を作り、ゴムの巻数による速さや走る距離の違いを調べてみましょう。

ゴムは引っ張ったその反動の力を利用して、動かすだけではありません。理屈は同じですが、ゴムをねじりそのねじれが元に戻る力を利用し動かすことができます。

糸車や模型のプロペラ機がそれです。模型のプロペラ機はねじれたゴムが戻る力で、プロペラを回して飛びます。小学校ではクラブ活動等で行っているところがあります。

（3）光と音の性質

（ア）　日光は直進し、集めたり反射させたりできること。

（イ）　物に日光を当てると、物の明るさや暖かさが変わること。

（ウ）　物から音が出たり伝わったりするとき、物は震えていること。また、音の大きさが変わるとき物の震え方が変わること。

─── ─── ─── ─── ─── ─── ─── ─── ─── ─── ─── ─── ─── ───

─その1─　【 光の性質 】

　上記「単元と内容項目」の**（ア）（イ）**を中心に述べます。

　私が子供の頃、日光を鏡で反射したり虫眼鏡で紙等を燃やしたりして遊ぶ中で、光の反射や光を集めて物を燃やせることを知りました。

　ずいぶん前になりますが、NHK高校講座物理の時間で東京都と千葉県の境を流れる江戸川の両岸で、大きな平面鏡を使って、日光を反射させ100m以上離れた対岸に届いているのを見て、その光の強さに驚きました。

　東京都のある幼稚園では、昼間でも日光があまり当たらず園庭が暗いため、近くのビルの屋上で日光を反射させ、明かりを採り入れている様子が報道されていました。

　この単元は平面鏡を使って、直進してきた日光を反射させたり、壁面に当てたりする活動を通して、光の性質を理解していきます。

　児童は平面鏡の扱いに慣れてくると、いろいろな活動をするようになります。そこで、友だちの平面鏡に反射させた光を次の鏡に反射させて、光をつないでいく行動や反射させた光を集めたり、重ねたりすることで明るさの違いを調べます。

　的がより明るくなったことで温度との関係へと広がり、**「暖かくなっているに違いない」**という仮説のもと、実際に手を当て暖かく感じることから温度計や放射温度計を使って調べることになります。

　もっと明るく熱くしたいということから、平面鏡の数を増やしていき、その結果、凹面鏡まで作成することもできるでしょう。また、平面鏡に替えて虫眼鏡を使って光を集めると、物が燃える事実から、その光の温度の高さを実感できるでしょう。このような多くの体験を通して光の性質を理解し、エネルギーとしての基本的な見方や概念を学びます。

　この学習は危険を伴います。反射させた光を人の顔に当てたり、虫眼鏡でやたらに物を

燃したりしないよう指導が必要になります。

こんな活動もしてみましょう

① **平面鏡で日光を反射させ、その光がどこまで届くかやってみましょう。**

平面鏡を使って日光を反射させ、どのくらいの距離まで光が届くか試してみましょう。

また、校庭で平面鏡を使って日光を反射させ、何枚の鏡を使えば教室の中の黒板にまで届くかやってみましょう。鏡の大きさを替えると何が違ってくるかも調べてみましょう。

② **光は直進することを確かめてみましょう。**

日光は直進するのをいろいろなところで見ることができます。

例えば、雲の切れ間から差し込む日の光や樹木に覆われた場所での木漏れ日から、日の光が直進しているのが分かります。

また、理科室のように暗幕が取り付けられている部屋では、暗くしてから暗幕の隙間（スリット）から日光を取り入れて調べることもできるでしょう。

③ **虫眼鏡（凸レンズ）や凹面鏡を使って光を集めてみましょう。**

虫眼鏡を使って光を集めてみましょう。

虫眼鏡の大きさや厚さの違いで、光の集まる量や焦点距離が変わることを確かめてみましょう。

学校に凹面鏡があればそれを使って光を集めてみましょう。また、画用紙や工作用紙にアルミ箔を貼って凹面鏡を作り、光を集めることもできます。100円ショップ等によっては化粧用の凹面鏡も置かれています。

（3）光と音の性質

（ア）　日光は直進し、集めたり反射させたりできること。

（イ）　物に日光を当てると、物の明るさや暖かさが変わること。

（ウ）　物から音がでたり伝わったりするとき、物は震えていること。また、音の大きさが
　　　　変わるとき物の震え方が変わること。

ーーーーーーーーーーーーーーーーーーーーーーーーーーーーーーーーーーーーー

ーその２ー　【 音の性質 】

　上記「単元と内容項目」の（**ウ**）を中心に述べます。

　「音の性質」については、いろいろな導入が考えられますが、1992（平成4）年度施行以前の学習指導要領では5年生で音の3要素を中心に行っていました。

　今回の改訂で3年生になり、音の大小が中心になったことで導入は糸電話遊びからにしました。

　まず、糸電話を作り、グループで糸電話遊びをする中で気付いたことや疑問に思ったこと等をノートに記録していきます。その後、全員による話し合いで、学習問題をつくります。

　「話している時は糸が震えていた」「糸を強く張るとよく聞こえるが、糸をたるませると聞こえにくい」「糸の途中を指で抑えると聞こえなくなる」等から、声と震えの関係を調べていくことになります。実際に音が出ている時は、糸が震えていることを理解します。

　また、糸の振れ幅が声の大小で違うことから、この**「揺れ（振動）が声（音）を伝えているのではないか」**という問題が生まれてきます。

　例えば、輪ゴムを引っ張り、ゴムをはじくと音が出ます。はじき方の違いで振幅が変わり、音の大小も変わることが分かります。

　そこで太鼓を横に倒し、上面に紙切れをのせ、反対側の太鼓の皮を叩くと、紙切れの揺れる様子が観察できます。太鼓を叩く強さで、その関係が分かります。また糸電話の声の大小で糸の振幅が変わることと結びつきます。

　ところが太鼓は糸電話の糸のように振動を伝える物がありません。太鼓と人の間にある物は空気だけです。**「太鼓を叩いた時、空気が揺れているのではないか」**という仮説で、太鼓の前にろうそくを立て炎の揺れを確かめます。その結果、物から音が出ている時は、

その振動が伝わり、音が伝えられていることを理解します。ここでは音の高低や音色については行いません。

こんな活動もしてみましょう

① 糸は音を伝えました。**他の固体や液体でも音を伝えるか、木や金属、水を使って確かめてみましょう。**

　机に耳をつけ、離れた位置を指先で軽く叩きます。叩く強さを変えて音の伝わりを調べます。

　また、校庭の鉄棒を使用して鉄棒に耳をつけ、鉄棒の反対側を軽く叩き、音の伝わりを調べます。水中でも音が伝わるかやってみましょう。プール等を使って水中で音を出し、離れた個所で塩ビ管等を使って、音が聞こえるか調べます。プールを使用する際は、安全に注意して行いましょう。

② 光と同じように、音も反射することを確かめてみましょう。

　机の上に塩ビ管等の筒を立て、その中にストップウォッチ等を置きます。反対側の筒の口は開いたままにします。そこに耳を近付けて音を確かめます。

　次に、物による音の反射の違いを調べるため、筒の上の口付近に木やガラス板、スポンジ等を音が反射しやすいように斜めにあてます。物による音の聞こえの違いはありますが、反射していることは分かります。

　山で大声を出し山びこを体験したことがあれば、その時の様子を思い出してみましょう。

　音の速さは物や気温等の条件で変わりますが、空気中では1秒間に約340m進むといわれています。稲光後（光は1秒間に30万km進むのに比べると遅いので）、雷鳴が何秒後に聞こえたかで、自分がいる場所からのおおよその距離を計算することができます。

③ 空気は音を伝えるか確かめてみましょう。

　空気が音を伝えるなら空気がなければ音は伝わらないはずです。学校に真空ポンプがあれば、ぜひ使用して確かめてみましょう。

　真空用の容器（真空鍾）の中に、キッチンタイマー等のベルを鳴らしたまま入れます。次にポンプのスイッチを入れ、中の空気を抜いていくとしだいに音が小さくなっていきます。空気を入れていくとベルの音が再び大きくなるのが分かります。

（4）磁石の性質

（ア） 磁石に引き付けられる物と引き付けられない物があること。また、磁石に近付けると磁石になる物があること。

（イ） 磁石の異極は引き合い、同極は退け合うこと。

───

磁石にはいろいろな形や磁力が異なる物があります。

小学校で使用する磁石は、炭素鋼磁石（棒磁石、U字形磁石、馬蹄形磁石）、フェライト磁石、アルニコ磁石、ゴム磁石、ネオジム磁石等です。

小学校3年生までの磁石遊びの経験には大きな個人差がみられます。そこで、最初に実際の磁石に触れさせ、児童全員に磁石になじませる活動の場を設けることが大切です。この活動を行うことで全員が磁石に親しみ、同じ土俵に上がって授業を進めることになります。

導入時の活動は、磁力の弱い棒磁石やU字形磁石を使うとよいでしょう。

全員が磁石を持って磁石に付く物と付かない物を調べます。活動を続けていると磁石を当てる前に、どんな物がくっ付くか分かる子もでてきます。児童は活動の中で、気付いたことや不思議に思ったことをノートに記録していきます。活動後、全員で話し合い、分かったことや不思議に思ったこと等を整理しながら授業計画を立てます。

例えば、①磁石にくっ付く物とくっ付かない物がある。②磁石同士をくっ付けると、くっ付く時と反発する時がある。③磁石が物に触れてないのに物が動いた。④磁石にくっ付いた物が磁石になった等が考えられます。児童の活動によっては、もっといろいろなことがでてくるでしょう。

これらを確かめるには、磁力の強いアルニコ磁石等を使用すると、より効果が得られますが、磁力が違いすぎると、同極同士でも反発しないで磁力の強い方に弱い方が引き付けられるので注意が必要です。

磁石にくっ付いたクリップや鉄釘等は、磁石から離した後もクリップや鉄釘を引き付けることで磁化されていることに気付くでしょう。さらに磁力の強い2つの磁石を近付けることで、引き合ったり、反発したりする力（磁力）を手の感覚から知ることができます。

磁石の使用に当たってはコンピュータやスマートフォン等、磁気の影響を受けやすい物に近付けないよう指導することを忘れないでください。

こんな活動もしてみましょう

① 画用紙等でチョウの形をしたものを作り、磁石でチョウが飛んでいるように動かしてみましょう。

　画用紙、たこ糸、クリップ、セロハンテープ等を使ってチョウを作ります。

　次に、磁力の強い磁石をチョウに近付けると、チョウは空中に浮かびます。磁石を動かすとチョウが飛んでいるように見えます。糸の長さを変えたり、チョウに色を付けると活動がより楽しくなるでしょう。

② 厚い本や手のひらの上にクリップをのせ、下から磁石を使ってクリップを動かしてみましょう。

　厚い本の上にクリップをのせ、磁力の強いアルニコ磁石を本の下から動かすとクリップも動きます。さらに磁石と上にのせるクリップは替えないで、書物の冊数を替えていきます。どのくらいの厚さまで磁石の力でクリップが動くかやってみましょう。

　次に、手のひらにクリップをのせ、手の甲の方から磁石を使ってクリップを動かし、その動きを観察してみましょう。磁力は人の体も通すことが分かります。

③ 砂鉄を使って磁石の磁界を作ってみましょう。

　画用紙の上に砂鉄を薄く散りばめ、画用紙の下から磁石を当て、画用紙を軽く叩くときれいな磁界線が現れます。

　なお、磁石を使って砂鉄を扱う場合は、磁石をビニル袋に入れてから利用すると砂鉄が磁石に直接くっつかないので実験後に砂鉄を集めることが容易にできます。

単元と内容項目 3年

(5) 電気の通り道

（ア） 電気を通すつなぎ方と通さないつなぎ方があること。

（イ） 電気を通す物と通さない物があること。

ーーーーーーーーーーーーーーーーーーーーーーーーーーーーー

　小学校3年生の児童にとって電気教材は、生活経験による個人差が最も大きい単元の1つです。

　玩具等で乾電池の扱いに慣れている児童は、いとも簡単に乾電池を扱いますが、この学習で初めて扱う児童とは大きな差があります。児童が電気に興味・関心を持ち、意欲的に学習を進めていくために、**「光の性質」**や**「磁石の性質」**と同様、単元の導入時に児童全員が豆電球、乾電池、導線を使って十分な活動を行う場を作ることが重要になってきます。

　例えば、豆電球、乾電池、**ソケット付き導線**を使って、豆電球に明かりをつける活動が考えられます。電気に親しみを持つには豆電球に点灯できることが大切です。そこで、ソケット付き導線を使って全員が豆電球に明かりをつけることから行うのがいいでしょう。

　活動を始めてすぐに明かりをつける児童やなかなかつけられない児童、友だちのつなぎ方をまねする児童等さまざまですが、ここでは十分な活動時間を保障することが大切です。試行錯誤の末、豆電球に明かりがつくと、その表情は喜びでいっぱいです。感極まって大声を出す児童もいます。

　全員が点灯できたのを確認してから、豆電球に明かりがついた時、つかなかった時のつなぎ方を各自がノートに記録した後、クラス全員でその理由を話し合い、実験して確かめていきます。さらにグレードアップして**ソケットなし**でも豆電球に明かりをつけられるか挑戦するのもいいでしょう。

　豆電球に明かりがついている時は、乾電池の＋極から出た電気がソケット付き導線→豆電球の中のフィラメント→もう一方のソケット付き導線を通って乾電池の－極に戻る1つの輪（回路）になっていることを確認します。

　また、回路の途中にいろいろな物をはさむことで、電気がついたりつかなかったりすることから、電気を通す物と通さない物があることを知ります。同時に、スイッチを作れることに気付くでしょう。そこで回路にスイッチを取り入れた物を作り、各自が豆電球に明かりをつけたり、消したりして、その働きを確かめることができます。このような多くの体験を通して、電気のエネルギーとしての基本的な見方や概念を学びます。

こんな活動もしてみましょう

① 電気を通す物と通さない物を調べてみましょう。

　乾電池1個、豆電球、導線付きソケット、導線を使って回路を作ります。

　次に、その回路の途中にクリップや物差し等を入れ、電気を通す物と通さない物に分けてみましょう。

　乾電池にはマンガン乾電池とアルカリ乾電池がありますが、アルカリ乾電池につめられている電解液は強いアルカリ性を示します。長期間使用していない乾電池は液漏れ等が起きていないことを確かめてから使用するようにしましょう。

② 乾電池1個と豆電球、導線を使って、10m以上の回路を作り、その豆電球を点灯させてみましょう。

　乾電池1個、電池ボックス、豆電球、導線付きソケット、導線（エナメル線等）を使って10m以上の長い回路を作り、遠く離れていても豆電球が点灯することを確かめてみましょう。

③ 乾電池1個を使って豆電球A（1.5V、0.3A）と豆電球B（2.5V、0.3A）を点灯させ、その明るさを比べてみましょう。

　上記の豆電球AとBを用意し、乾電池1個、導線付きソケットを使って回路を**2セット**作ります。

　次に、両方の豆電球を点灯させ、その明るさを比べてみましょう。

　外見は同じような豆電球ですが、電圧が違うと電流が同じ物でも明るさが違うことが分かります。豆電球を購入する際は、実験の用途によって選ぶことが大切です。

B　生命・地球

単元と内容項目 　3年

（1）身の回りの生物

（ア）　生物は、色、形、大きさなど、姿に違いがあること。また、周辺の環境と関わって
　　　生きていること。
（イ）　昆虫の育ち方には一定の順序があること。また、成虫の体は頭、胸及び腹からでき
　　　ていること。
（ウ）　植物の育ち方には一定の順序があること。また、その体は根、茎及び葉からできて
　　　いること。

━━━━━━━━━━━━━━━━━━━━━━━━━━━━━━━━━━━━

－その1－　【植物】

　上記「単元と内容項目」の（ア）と（ウ）を中心に述べます。

　3年生で初めて理科と出会います。生活科での経験を大切にしながら、科学的な見方や考え方を学んでいきます。植物の多くは暖かくなると活動を始め、それを餌とする動物が活動を始めます。身近な自然の中で見られる植物や昆虫と触れ合うことで、興味・関心を持ち、意欲的に植物や昆虫を調べていくことになります。

　4月頃になると校庭の樹木や草花には開花が見られるようになります。児童は春を見つける活動の中で、草花を観察しながら分かったことや気付いたこと等をノートや観察カードに記録します。今までなんとなく見ていた草花等を注意深く見るようになります。さらに、他の草花と比較することで類似点や相違点がより明確になってきます。また、友だちが発表する観察記録を聞くことで自分が気付かなかった新しい発見もするでしょう。

　そこで、自分が好きな植物を選んで栽培し植物をより詳しく調べていくことになります。例えば、栽培する植物としてヒマワリ、ホウセンカ、オクラ、ダイズ等が考えられますが、私はヒマワリを勧めます。種子を蒔き、発芽し葉が茂り花が咲き結実し枯れるというサイクルの中で、ヒマワリの小さな種子が大人の背よりも高く、時には2mを超える高さにまで成長します。大きな花（頭花）はたくさんの種子を実らせ、その種子は次世代へとバトンを渡します。植物が持つ秘めた力を実感することでしょう。また、植物は根、茎、葉からできていることや植物の種類が違ってもそのサイクルは同じ過程を辿ることを理解します。ここで扱う植物は、植物の一生を理解しやすいよう春から夏を経て秋に一生を終える夏生の双子葉植物を扱います。

こんな活動もしてみましょう

① **近くの公園等に出かけ、草花を観察してみましょう。**

　草花のスケッチや気付いたこと等を記録し、名前が分からない物は教科書や図鑑等で調べましょう。

○草花の茎はどれも丸いと思っていませんか。実際に茎を触って確かめてみましょう。四角い物や三角の物、多角形の物等、いろいろな形をしていることに気付くでしょう。

○4、5月頃よく見かけるハルジオンとそれより少し遅れて咲くヒメジョオンはとてもよく似ています。しかし、それらを比較してみると蕾の垂れ下がり方、茎と葉が接する部分（基部）、茎の中が中空とそうでない等の違いがあります。観察して比べてみましょう。

② **ネムノキの葉やチューリップの花のように、1日の中で天気や時間によって、葉を垂れたり、花弁を開いたり閉じたりするものがあります。観察して確かめてみましょう。**

　夜、ネムノキは葉が垂れ、寝ているように見えます。晴れの日、チューリップの花は、昼間には花弁を開いていますが夕方にはその花弁を閉じます。チューリップの花弁の開閉が何日繰り返されるか調べてみましょう。

③ **タンポポの集合花は、何本の花が集まっているか数えてみましょう。**

　タンポポの頭花はたくさんの**舌状花**の集まりです。集まっている花をピンセットで取り、その数を数えてみましょう。

　綿毛の基にある小さな種子は重石のような働きをし、落下傘のように大空へ飛んで、離れた場所で仲間を増やします。

（1）身の回りの生物

（ア）　生物は、色、形、大きさなど、姿に違いがあること。また、周辺の環境と関わって生きていること。

（イ）　昆虫の育ち方には一定の順序があること。また、成虫の体は頭、胸及び腹からできていること。

（ウ）　植物の育ち方には一定の順序があること。また、その体は根、茎及び葉からできていること。

━━━━━━━━━━━━━━━━━━━━━━━━━━━━━━━━━━━━━━

－その2－　【昆虫】

　上記「単元と内容項目」の（ア）と（イ）を中心に述べます。

　私が小学校3、4年生の頃です。授業中に筆箱からノコギリクワガタとミヤマクワガタの雄を取り出し、机の上で喧嘩させていたのを担任の先生に見つかり注意されました。そのことは母親に報告しなかったのですが、1学期の終業日に母親に通知表を手渡すと、それを読んだ後、私の顔を見て笑っていたのを今でも覚えています。

　この年齢は昆虫の中でも、特にクワガタムシには興味・関心を持ちます。

　学校では昆虫の代表として、モンシロチョウを飼育しながら観察することが多いようです。モンシロチョウは都市部でも卵や成虫を採取することができます。キャベツやケール等のアオムシの餌になるものが容易に入手できる上、学級園やプランター等で栽培することもできます。栽培の途中にモンシロチョウが飛来して葉に卵を産み付けることもあります。

　採取した卵やアオムシは、児童個々に飼育させたいものです。飼育を続けていると「○○さん」とアオムシに名前を付けて呼ぶ児童もでてきます。しかし、アオムシは大切に育てていても途中で死んでしまうことがあります。児童はアオムシを育てる中でいろいろなことを体験します。

　蛹から羽化し、モンシロチョウになった時の感動は、飼育した者だけが味わえる喜びです。1mmくらいだった卵がアオムシになり、蛹になり、全く違う形のモンシロチョウになることの不思議さ、自然の神秘さを体験します。

　学校や自宅近くに柑橘類やサンショウの木等があると、その葉を食草とするアゲハチョ

ウの仲間が飛来し卵を産み付けます。幼虫を見つけたら飼育し、モンシロチョウと比較しながら観察するとさらに新たな発見があるでしょう。

こんな活動もしてみましょう

① トンボの幼虫（ヤゴ）を採取し、飼育しながら観察してみましょう。

　　モンシロチョウやアゲハチョウは、成虫→卵→幼虫→蛹→成虫と育ち方に一定の順序があります。成虫の体は頭、胸、腹の３つに分かれています。しかし、トンボは蛹の時期がありません。チョウの仲間と比較しながら観察してみましょう。

　　ヤゴの採取については観察池等が考えられます。学校プールが屋外にある場合は、年度最初のプール清掃の際に、学年で採取するとよいでしょう。

② 昆虫の中でもクワガタムシやカブトムシは特に人気があります。機会があったらぜひ採取し、観察してみましょう。

　　夏の日の早朝、クヌギやコナラの木等の根、茎、枝を注意して探すといろいろな昆虫を発見することがあります。また、木の幹を足で２、３回強く蹴ると木の上方にいたクワガタムシが地面に落ちてくることがあります。

　　カブトムシは木にもいますが、おがくずや枯葉等が積まれている場所で見つけることもできます。卵→幼虫→蛹→成虫を経て外へ出てきますが、おがくずや枯葉等が積まれている中の温度は結構熱くなっています。

　　また、昆虫は夜に明るい街灯に集まります。それを捕まえるのも１つの方法です。いずれも安全には十分気を付け、児童だけの行動は慎み、大人と共に行動するようにしましょう。

③ チョウと食草の関係を調べてみましょう。

　　モンシロチョウはキャベツ等のアブラナ科の植物に、ジャコウアゲハはウマノスズクサという植物の葉にそれぞれ卵を産み付けます。卵から孵化しても餌がなければ幼虫は生きていけません。他のチョウについても、チョウと食草の関係から調べてみるのもよいでしょう。

３年

（1）　身の回りの生物

（ア）　生物は、色、形、大きさなど、姿に違いがあること。また、周辺の環境と関わって
　　　生きていること。
（イ）　昆虫の育ち方には一定の順序があること。また、成虫の体は頭、胸及び腹からでき
　　　ていること。
（ウ）　植物の育ち方には一定の順序があること。また、その体は根、茎及び葉からできて
　　　いること。

━━

－その３－　【 周辺の環境と生物の様子 】

　上記「単元と内容項目」の **（ア）** を中心に述べます。

　私の教員生活のスタートは、小学校３年生の担任でした。本物のコオロギを見せたい
という気持ちから、児童にその居場所を聞き、案内してもらいました。途中の田んぼには
オタマジャクシが、水面にはアメンボが泳いでいました。着いた場所は畑の端で藁が高く
積まれていました。その藁が地面と接する部分をそっと取り除くと、そこには驚くほどの
数のコオロギがいました。最近は下校後、校外で遊ぶ児童を見かけることは少なくなりま
したが、当時は、遊ぶ中で地域のいろいろな情報を得ている児童が結構いたものです。

　夏休みに入ると、児童は竹を 2cm くらいの幅に裂き輪を作りその両端を長い竹に差し
込み、輪の部分にオニグモの糸を巻き、その粘着でセミを捕りました。ニイニイゼミが最
初に鳴き始め、アブラゼミ、ミンミンゼミ、クマゼミ、ヒグラシ等が前後して、最後にツ
クツクボウシが鳴き始めると夏休みも終わりです。

　1985（昭和60）年頃までは、学校の夏休み自由研究で植物採集や昆虫採集が盛んに行
われていました。採集した植物は新聞紙の間に挟み重石をのせ、カビが生えないように水
分を取ってから、画用紙等に貼り付けます。何回も新聞紙を取り替えていると植物の名前
や葉、茎、根の特徴が分かるようになりました。

　昆虫採集はクワガタムシやセミ、チョウ、トンボが主でした。実際に採集していると、
どの木やどの草花にどんな昆虫がいるかが分かってくるものです。例えば、クワガタムシ
はクヌギやコナラ、カシ、モミジの木等で、樹液等が見つかるとそこに虫がいる確率が高
くなります。樹液に集まる虫たちが蜜の奪い合いで喧嘩をしているのを見ることもありま

す。野山には刺のある植物や触れると被れる植物の他、マムシやキイロスズメバチ等の危険な動物もいます。安全には十分配慮して行動するようにしましょう。

こんな活動もしてみましょう

① 何ゼミがどの木に多いか調べてみましょう。

7月頃になると近くの公園等で、地面に1cmくらいの穴が開いているところを見かけることがあります。その穴はセミ等が地中から地上に出た時のものです。穴の数が多いとセミの数も多いことが分かります。

何ゼミがどの木でよく見られるか調べてみましょう。

② ホタルを見る機会があったら、その場所の水質や川岸の様子、川底の様子等を調べてみましょう。

ゲンジボタルの幼虫は、巻貝のカワニナを食べます。幼虫は4月頃に水から出て水辺の土手等の土の中で蛹（土まゆ）になり、6月頃に成虫になります。ホタルがどんな所で見られるか、周りの環境にも注意して調べてみましょう。

③ 海辺に自生している植物の特徴を調べてみましょう。

海辺の砂浜ではハマヒルガオ、コウボウムギ、ラセイタソウ、ハマボッス、ハマナデシコ、イソギク等の植物が見られます。植物名の頭にイソ（磯）やハマ（浜）が付いているのが多いのに気付きます。

砂浜や崖は日差しが強く水分が少ないように思われますが、植物は元気に育っています。

海辺の近くに出かけたら、海岸植物の葉の厚さや光沢、茎の這い方や根の張り方等を観察してみましょう。海辺の植物になった気持ちで接していくと、植物が海辺や砂浜で生きていくための工夫が見られるでしょう。

(2) 太陽と地面の様子

（ア）　日陰は太陽の光を遮るとでき、日陰の位置は太陽の位置の変化によって変わること。

（イ）　地面は太陽によって暖められ、日なたと日陰では地面の暖かさや湿り気に違いがあること。

━━━━━━━━━━━━━━━━━━━━━━━━━━━━━━━━

　最初に「影踏み遊び」を行うことで、児童は太陽と影の関係に気付き、興味・関心を持って授業に入ることが考えられますが、ここでは、太陽の動きがよく見える校舎の屋上から校庭の様子を観察することから始めてみました。

　屋上から校庭を見ると視界が広く、観察していると樹木や遊具等で太陽の光が遮られている所は、暗く影ができていることに気付きます。

　そこで、自分たちが考えた実験方法で、太陽の光を遮り実際に影ができることを確かめます。太陽と影の関係を紙の上や地面に直接記録していると、影の位置か変わっていくことに気付く児童がでてくるでしょう。

　「影の位置が動いた」ということから新たな疑問が生まれ、太陽の動きと影の関係を調べることになります。授業の流れによっては、午前と午後の影の向きや影の長さが違っていることから、その違いを話し合い、太陽の動きと影の関係を調べていくことも考えられます。

　1日の太陽の動きを観察する際は、3年生では東、西、南、北の4方位を使用します。ここで方位磁針の正しい使い方を学びます。太陽の高さは両方の腕を地面と平行にまっすぐ伸ばした状態で、左右の手で握り拳をつくりその拳を交互に重ねていきます。太陽の高さまで拳がいくつかで太陽の高さをはかります。太陽の位置は太陽の高さと方位で分かります。活動が深まると中には太陽の動きと影のでき方から、日時計を考える児童もでてきます。

　次に、**日なたと日陰の違い**を調べます。

　児童は今までに太陽が当たる日なたは明るく暖かい。日陰は暗く地面は冷たく、乾きも遅いこと等を普段の生活の中で体験しています。それらの体験を話し合い観察や実験を通して、太陽との関係を確かめることになります。

　客観的なデータを得るため、温度計を使用することになり、ここで温度計の正しい使い方を学びます。また、可能ならば放射温度計も使えるようにしましょう。

児童は日差しが強い日、校庭や公園の鉄棒を素手で触ることや、砂場や屋外にあるプールサイドを素足で歩くこと等を体験することで、太陽のエネルギーを実感することになるでしょう。

こんな活動もしてみましょう

① 　１日の太陽の動きを観察してみましょう。

　太陽の動きは、太陽を**地球の内から見た時**と**地球の外から見た時**の動きが考えられます。**３年生は前者になります。**

○**地球の内から見た太陽の動き**の変化を調べる一例

　まず、左右の手の指ごとに拳を作り、両肘を地面と平行にまっすぐ伸ばします。その時、太陽が観察者の拳のいくつの高さにあるかで調べ、交互に拳を重ねその数で高さをはかります。太陽の高さが分かれば、方位磁針でその方位を調べれば、太陽の大体の位置が分かります。

○**地球の外から見た太陽の動き**の変化を調べる一例

　透明半球を使って、太陽の動きを調べます。

　まず、透明半球に貼る太陽を作ります。紙で直径１cm くらいの円形の物を10枚ほど作り、その中心部に5mm くらいの円形の穴を開けます。

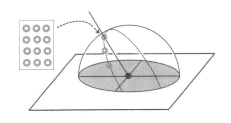

　次に、図のように画用紙（工作用紙）に東西南北が直交する直線を描き、方位を合わせてから図のように透明半球を置き、その表面に１時間おきにシールを貼っていきます。

　透明半球に貼るシールの位置は、シールの内側の穴を太陽の光が通り抜け、台紙に描かれている円の中心で東西南北が直交する点と一直線になった時、その延長線上に太陽があります。透明半球に貼ったシールが、その時の太陽の位置を表しています。

② 　太陽の位置と腕時計の短針を利用して、南の方位をみつけましょう。

　午前９時頃に、腕時計の短針９を太陽の方に向けます。

　次に、腕時計の文字12との間にできる中心角を２等分した線の延長線上が南の方角になります。実際に方位磁針と比べてみましょう。精度はいかがですか。

第4学年
[理科目標及び内容と単元の構想]

（1） 物質・エネルギー

① 空気、水及び金属の性質、電流の働きについての理解を図り、観察、実験などに関する基本的な技能を身に付けるようにする。

② 空気、水及び金属の性質、電流の働きについて追究する中で、主に既習の内容や生活経験を基に、根拠のある予想や仮説を発想する力を養う。

③ 空気、水及び金属の性質、電流の働きについて追究する中で、主体的に問題解決しようとする態度を養う。

（2） 生命・地球

① 人の体のつくりと運動、動物の活動や植物の成長と環境との関わり、雨水の行方と地面の様子、気象現象、月や星についての理解を図り、観察、実験などに関する基本的な技能を身に付けるようにする。

② 人の体のつくりと運動、動物の活動や植物の成長と環境との関わり、雨水の行方と地面の様子、気象現象、月や星について追究する中で、主に既習の内容や生活経験を基に、根拠のある予想や仮説を発想する力を養う。

③ 人の体のつくりと運動、動物の活動や植物の成長と環境との関わり、雨水の行方と地面の様子、気象現象、月や星について追究する中で、生物を愛護する態度や主体的に問題解決しようとする態度を養う。

≪４年生で身に付けたい**観察・実験の技能**≫

○百葉箱のつくりを理解し、活用しよう

- ・地面からの高さは 1.2 〜 1.5m。箱は、風が通り抜けるよう鎧戸でできている。
- ・扉は開けた際、直射日光が入らないように北側に付けている。
- ・箱の中には、どんな測定器類があるか調べ、活用できるようにしたい。

○自記温度計の使い方

- ・自記温度計は水平に置き、記録用紙は目的によって選ぶ。
- ・ペンのインク、記録用紙、電池切れに注意し、補うようにする。

○簡易検流計の使い方

- ・電流が流れると電流の向きによって、針が左右どちらかに振れる。
- ・切り替えスイッチの「豆電球」側は 0.5A、「電磁石」側は 5A。
- ・**検流計**は回路の途中（**直列**）につなぎ、針が０を指しているかを確認。

○星座早見の使い方

- ・星座早見の回転盤を回し、調べたい日と時刻を合わせる。
- ・**観察したい方角が下**にくるようにしてから、上に上げ実際の星空と比べながら観察する。懐中電灯の明かりが強すぎると星座早見の星が見づらくなるので、前もって調整が必要。

○アルコールランプの使い方

- ・使用前に、ひび割れ、口元の欠け、心の長さ等を点検する。
- ・**使用前の燃料**は、容器の７〜８分目くらい入れておく（いっぱいにしない）。
- ・点火は横から近付けるように行う。消す際は、ふたを横から近付けてかぶせ、火が消えたらふたを取り、再度ふたをする。最近はアルコールランプに替えて、便利で扱いやすい**ガスコンロ**が使われるようになってきた。

○鉄製スタンドの使い方

- ・スタンドの台に手を添え、支柱を持って運ぶ。
- ・支柱等がぐらつかないように使用前に点検する。
- ・どのねじを回すと、どこが動くかを確認し、**ねじはしっかり締める**。

A 物質・エネルギー

単元と内容項目 ４年

（1）空気と水の性質

（ア）閉じ込めた空気を圧すと、体積は小さくなるが、圧し返す力は大きくなること。
（イ）閉じ込めた空気は圧し縮められるが、水は圧し縮められないこと。

━━━━━━━━━━━━━━━━━━━━━━━━━━━━━

　この単元の授業では**空気の性質**を先に行ってから、**水の性質**を行うことが多いようです。閉じ込められた空気と水を比べた際、空気は体積変化や圧し返す力が水に比べ大きく、児童にとって、より興味・関心を持つことが考えられるからです。

　児童は空気鉄砲を使って「的当て」や「飛ばしっこ」等の活動の中で、玉を遠くまで飛ばすには、玉をきつく詰めればよいことに気付きます。

　活動が深まると直接押し棒で前玉を押してないのに、前玉が飛び出すことや前玉が飛び出す瞬間に音が出て、筒の先から白い煙が出ること等に気付きます。活動中に分かったことや疑問に思ったことはノートに記録し、活動後に全員で話し合い学習計画を立てます。

　直接、前玉を押してないのに前玉が飛び出す不思議さから、筒の中の空気の動きを想像し予想図を描き、前玉が飛ぶまでの過程を考え仮説を立てます。

　そこで、筒の中が見える透明な空気鉄砲を使用し、後ろ玉と前玉の関係を調べます。後ろ玉を押していくと、筒の中の空気が圧し縮められ、体積が小さくなっていくのが分かります。さらに押し続けると、押し棒への抵抗が強くなり、その感覚が手に伝わってきます。それでも押し続けると前玉が飛び出します。

　筒の中に閉じ込められていた空気が、耐える力の弱い方の前玉を筒の外へ圧し出すことが分かります。さらに空気の体積変化を詳しく知るため、目盛りのある注射器を使って調べます。

　次に、**水の性質**について注射器を使って、空気と同様に調べますが、水は体積変化がほとんど見られません。

　水と空気の違いを同時に観察するため、注射器に水と空気を半分ずつ入れ、注射器の先から水が出ないようにきちんと消しゴム等にくっ付けてから、注射器の柄を押します。容器中の空気の体積は小さくなりますが水は変わりません。さらに押し続け空気の圧し返す力が大きくなったところで注射器の先を消しゴムから放すと、中の水が勢いよく飛び出します。

　ペットボトルロケットも原理は同じです。ペットボトルロケットを作り、飛ばす角度を

一定にして、筒の中の空気と水の割合を変えて飛ばしてみましょう。

こんな活動もしてみましょう

① 空気鉄砲を作って飛ばしてみましょう。

いろいろな空気鉄砲が考えられますが、篠竹を使って空気鉄砲を作ってみましょう。玉に木の実を使うと詰める玉によって、筒や押し棒の太さが変わってきます。

ここでは、玉は新聞紙を使用してみましょう。新聞紙を水に浸した後、適当な大きさに切り、固く搾ってから筒口に詰めます。

新聞紙の替わりにジャガイモを 1cm くらいの厚さに切り、直接それに鉄砲の筒口を差し込み、玉として使用すると簡単にできますが、大切な食糧ですので、できれば他の物を使った方がよいでしょう。

② 空気と水を押し縮め、その変化の違いを比べてみましょう。

2 本の注射器を用意し、それぞれに同じ量の空気と水を入れます。

次に、注射器の先を消しゴムにくっ付け、空気や水がその先から漏れないようにしてから、それぞれの注射器の柄の部分をゆっくり押していきます。

空気は圧し縮められ体積は小さくなりますが、水の体積はほとんど変わりません。空気は圧し縮められると、その圧し返す力も強くなることが分かります。

③ ペットボトルロケットを作り、飛ばしてみましょう。

最近は、いろいろなペットボトルロケットが飛ばされています。インターネット等で調べ、自分なりに改良した物で飛ばしてみましょう。

水を 4 分の 1 くらい入れたペットボトルに、自転車の空気入れ等で空気を十分に入れてから空気入れの先を取り外すと、「シュー」という音と共にロケット噴射のように水を後ろに飛ばしながら 30m 以上先まで飛んでいきます。空気の反発力には驚かされます。

（2）金属、水、空気と温度

（ア）　金属、水及び空気は、温めたり冷やしたりすると、それらの体積が変わるが、その程度には違いがあること。

（イ）　金属は熱せられた部分から順に温まるが、水や空気は熱せられた部分が移動して全体が温まること。

（ウ）　水は、温度によって水蒸気や氷に変わること。また、水が氷になると体積が増えること。

－その１－　【体積の変化】

　上記「単元と内容項目」の**（ア）**を中心に述べます。

　ここでは固体は金属、液体は水、気体は空気を取り上げます。

　金属、水、空気は温度による体積変化が比較的容易に観察でき、安全面や材料の入手等を考えると、小学生の教材として適しているといえるでしょう。

　生活の中で温度による体積変化はいろいろなところで利用されています。

　例えば、鉄道のレールのつなぎ目、温度計の管の中の液、熱気球の中の空気等が浮かんできます。授業の流れとしては、最初に温度による体積変化が大きい空気を扱い、その後に水、金属の順に行うことが多いようです。ここでは空気と水を同時に扱った後、金属の変化を行うことにしました。

　まず、図のように、一方の先を細くしたガラス管をゴム栓に通し、その先端をフラスコの底近くまで差し込みます。フラスコの中に水を５分の１程度入れ噴水器を作ります。このフラスコを湯の中に入れるとガラス管の先から水が勢いよく飛び出します。児童はこの現象を見て**「なぜ水が飛び出したのか」**を各自で考えてノートに記録した後、話し合い学習問題をつくります。

　そこで、空気と水の温度による体積変化の違いを調べ、体積変化の大きい空気が水を圧し、水が飛び出たことを理解します。

　金属の温度による体積変化については、鉄球と鉄の輪を使って行います。

常温では鉄の輪を通り抜けていた鉄球が鉄球を熱したことで、通り抜けができなくなり、冷やすと通り抜けることから、鉄球の体積変化を理解します。

他の方法としては、金属棒の端をガスバーナー等で熱し、金属棒が伸びることを確かめることも考えられます。

こんな活動もしてみましょう

① ビールびん等の空きびんの口に 10 円玉をのせ、そのびんを手で温めて 10 円玉を動かしてみましょう。

空きびんの口を水でぬらし、10 円玉をのせ、そのびんを手で温めて動かします。

次に、びんの口に石鹸水の膜を張り、びんを湯で温めると石鹸水の膜が膨らみます。今度はそのびんを氷水の中に入れて冷やすと、膜はびんの内側に引き込まれます。びんの中の空気の様子を想像しながらやってみましょう。

② 球面の一部が凹んだピンポン球を熱い湯につけて、元の球形に戻してみましょう。

最近は、普段の遊びの中で大人や子供が卓球をしている姿を見る機会が少なくなりました。同時に凹んだピンポン球を熱い湯で元に戻しているのを見ることもなくなってきました。

身近に凹んだピンポン球があったら、熱い湯に入れて元の形に戻してみましょう。柔らかいゴムボールについても、よく弾むようになるかやってみましょう。

③ 金属とガラスの膨張率の違いを体験してみましょう。

冷蔵庫から取り出したジャム等のびんのふたが、手の力では回わらずに開けられず困ることがあります。そんな時、金属でできたふたの部分を熱い湯にしばらくつけると、手でも容易に開けられ、中の物を取り出すことができます。

ガラスに比べ金属の膨張が大きいためにガラスとの間にわずかな緩みができたと考えられます。金属とガラスの膨張率の違いが分かります。

金属は種類によって膨張率が違います。バイメタル式サーモスタットは、2 つの膨張率の異なる金属を上手く組み合わせて利用したものです。

(2) 金属、水、空気と温度

（ア）　金属、水及び空気は、温めたり冷やしたりすると、それらの体積が変わるが、その程度には違いがあること。

（イ）　金属は熱せられた部分から順に温まるが、水や空気は熱せられた部分が移動して全体が温まること。

（ウ）　水は、温度によって水蒸気や氷に変わること。また、水が氷になると体積が増えること。

－その2－　【温まり方】

　上記「単元と内容項目」の**（イ）**を中心に述べます。

　日常生活の中に目を向けてみましょう。

　フライパンや鍋等の金属部分が、まだ冷めてないのに素手で触り火傷したこと。お風呂に入る際、浴槽の中の湯をよくかき混ぜないで入り熱かったこと。2 階に上がった時、1 階より暖かく感じたこと等の経験があると思います。

　物の温まり方の授業は、金属、水、空気の順番で扱うことが多いようです。これらの日常生活の経験を取り上げ話し合いながら学習問題を作成していくことで、児童は身近な問題として興味・関心を持って問題解決に取り組むことでしょう。

　児童が持つ疑問を引き出し、それらを身近な問題と関係付けて解決していくことで授業がより深まることでしょう。

　最近では温度変化をサーモグラフィー等特別なカメラを使い、温度の違いを色で表すことで熱の伝わり方が視覚的に分かるようになりました。また、水が温まっていく様子を示温テープ（温度で色が変わるテープ）や示温インク（温度で色が変わるインク）を使って、熱の伝わり方を水の動きと共に調べることができるようになりました。

　4 年生になると児童は仮説に対していろいろな実験方法を考えます。

　例えば、児童に「金属はどのように温まっていくのかな」と尋ねると、「熱したところからしだいに温まっていくよ」と答えるでしょう。そこで、「どんな実験をすれば、そのことが分かるか実験方法を考えられる ？ 」と、聞いてみてください。児童は自分の考えを言葉、絵や図で説明してくれるでしょう。

特別な問題がなければ、児童が考えた方法で実験を行い、結果を出してほしいものです。自分で考え、自分で実験を行い、問題を解決することで自信が生まれ、理科が好きになり創造性も育ってくるでしょう。

こんな活動もしてみましょう

① **2～3分間、握手をしたままで、熱の移動を体験してみましょう。**

　握手をし、相手の手を握った時、「温かい」、「冷たい」等、感じたことがあると思います。しかし、その状態のままでいるとやがて感じなくなってきます。温かい方の熱が冷たい方へ移動し、やがて両方の手の温度がほぼ同じになり、その差がなくなったからです。

　今度は、鉄板と木板を使ってやってみましょう。

　表面温度がほぼ同じ鉄板と木板を用意し、それぞれの板の上に掌をのせ、温かさを比べます。いかがですか。表面の温度は同じはずなのに木板より鉄板の方が冷たく感じます。熱伝導の違いによって同じ温度の物でも、触る物によって温かさの感じ方が違ってきます。

② **熱い湯と冷たい水では、重さが違うことを調べてみましょう。**

　氷水で冷やした水Aと、熱い湯で温めた水Bをそれぞれビニル袋に入れ、空気が入らないよう縛ってから水槽に入れます。熱い湯が入った袋は浮き、冷たい水が入った袋は沈みます。

　次に、メスシリンダーを使ってAとBを同体積分はかり取り、それをプリンカップに入れ、上皿天秤や電子天秤を使って重さを比べてみましょう。同体積でも温度によって重さが違うことが分かります。

③ **暖かい空気と冷たい空気の重さを比べてみましょう。**

　大きめのビニル袋A、Bを用意し、それぞれの袋に空気を入れ、ほぼ同じ大きさになるようにします。

　次に、Aの袋は口を閉じ、Bの袋は中の空気をドライヤーで温めてから口を閉じます。その時の袋のふくらみ具合はほぼ同じにします。

　準備ができたらA、Bの袋を同時に空気中に投げ上げて、その様子を比べてみましょう。この原理を利用したのが熱気球です。

(2) 金属、水、空気と温度

(ア)　金属、水及び空気は、温めたり冷やしたりすると、それらの体積が変わるが、その程度には違いがあること。

(イ)　金属は熱せられた部分から順に温まるが、水や空気は熱せられた部分が移動して全体が温まること。

(ウ)　水は、温度によって水蒸気や氷に変わること。また、水が氷になると体積が増えること。

━━━━━━━━━━━━━━━━━━━━━━━━━━━━━━━

ーその3ー　【 水の変化と体積変化 】

　上記「単元と内容項目」の**(ウ)**を中心に述べます。

　「氷が溶けると何になりますか？」という先生の質問に、その児童は真面目に「春になります」と答え、先生をびっくりさせたという話を聞いた人もいるでしょう。先生は「水」という答えを期待していたのです。もちろん、その場の様子にもよりますが、大人が思いつかないような発想をするのが子供です。

　大人は、自分が考えている答えを期待します。しかし、比較的経験の少ない児童にとっては、自由な発想でいろいろなことを考えます。児童のこのような発想を大切にしたいものです。

　やかんに入れた水を沸騰させた経験があるでしょう。やかんの口から白い湯気が勢いよく出ています。この湯気を観察すると口近くに無色のところがあります。そこに金属のスプーンを入れると、スプーンに水滴が付きます。目に見えなかった水蒸気が金属のスプーンで冷やされて水になったからです。

　このように、液体の水が熱せられ、気体の水蒸気になり、それが冷やされ水に戻ったことが分かります。

　次に、コップ等の容器に水を入れ、冷凍室に入れると氷ができます。それを取り出して観察すると、氷面か盛り上がっています。水が氷になったことで、体積が増えたことが分かります。

　ここでは水が沸騰しても 100℃以上にはならないことや氷水の状態では 0℃のままであることを実験を通して理解します。ビーカーに水と沸騰石を入れ、アルコールランプで熱

し続けても 100℃にならないことがあります。熱源をガスコンロやガスバーナーに替えて行うことも考えられます。

　この単元は、実験中の児童の事故が最も多く報告されています。器具の取り扱いには十分注意して適切な手順で行うようにしましょう。

こんな活動もしてみましょう

①　冷蔵庫に入れないで、アイスを作ってみましょう。

　試験管に水を約3分の1入れた物と、ビーカーに氷水を約5分の4入れた物を用意します。

　次に、氷水が入っているビーカーに食塩を加えながら、かき混ぜると氷水の温度は下がり始めます。氷水の温度が－5℃以下になったら、水の入った試験管を氷水の中に入れ、冷やし続けると試験管の中の水は凍ります。

　氷が上手くできるようになったら、試験管の中に果汁液等を入れ、その中に割り箸を入れるとお好みのアイスキャンディーができます。真水の時と違って氷水の温度をより下げないと凍りません。加える食塩の量を調整しながら挑戦してみましょう。一度使用した試験管はいろいろな物が付着している可能性があります。必ず未使用のきれいな物を使用しましょう。

②　冬の寒い日に、バケツ等に水を入れ、氷を作ってみましょう。

　自然の中で氷作りに挑戦してみましょう。

　1～2月頃、天気予報等を参考にして、よく晴れた寒い日の夕方にバケツ等に水を入れ屋外に置いておくと、翌朝バケツに氷が張っていることがあります。気温の下がり具合だけではなく当日の夜の風や寒さによっても氷の厚さが違ってきます。

　水が凍り始めるのはバケツの縁の方からか、真ん中の方からかを調べ、なぜそうなるかを考えてみましょう。

③　紙の牛乳パックを使って、中の水を沸騰させてみましょう。

　使用後の牛乳パック下部の約3分の1を残して切り取ります。

　その中に水を約半分入れ、牛乳パックの底の部分をガスコンロ等で熱します。紙の牛乳パックは燃えることなく水を沸騰させることができます。中の水がなくなると牛乳パックは燃え出します。安全に気を付け、水がなくなる前に火を消しましょう。

単元と内容項目　4年

（3）電流の働き

（ア）　乾電池の数やつなぎ方を変えると、電流の大きさや向きが変わり、豆電球の明るさやモーターの回り方が変わること。

ーーーーーーーーーーーーーーーーーーーーーーーーーーーーーーーーー

　最初に、豆電球を乾電池1個で点灯させることで、3年生で学習した**「電気の通り道」**を想起し、回路と電気の流れを確認しながら「豆電球をもっと明るくするにはどうすればいいか」を話し合います。

　乾電池を増やしパワーアップすると、豆電球が明るくなることを予想し、乾電池2個を使って確かめます。

　活動を続けていると「明るくなった」という声と共に「乾電池1個の時と変わらないみたい」という声が聞こえてきます。児童は乾電池2個の方が1個の時より明るくなると信じて実験を行っています。

　ところがつなぎ方によっては、そうでない場合があることに気付きます。どんなつなぎ方の時にそうなるのかを話し合い実際に確かめます。しかし、豆電球の明るさははっきりしません。

　そこで電流計や簡易検流計を使って調べることになります。その結果、つなぎ方によって流れる電流に違いがあり、乾電池のつなぎ方には直列つなぎと並列つなぎがあることを知ります。

　次に、豆電球を発光ダイオード（**LED**）に替えて乾電池で点灯できるか確かめます。発光ダイオードが点灯する班と点灯しない班があります。点灯しない班は乾電池の向きや、つなぎ方を変えたりする中で、発光ダイオードが点灯したことから、豆電球と違って電気の流れる向きが関係していることに気付き、その関係を調べます。

　その結果、乾電池には電流の向きがあり、発光ダイオードの＋極と乾電池の＋極、－極は－極につながないと点灯しないことを理解します。

　さらに発光ダイオードをモーターに替えると、モーターはどちらにつないでも回りますが、乾電池の向きやモーターのつなぎ方で回る向きが逆になります。モーターだけだと回転が分かりにくいので、モーターの軸にプロペラや紙テープ等を付けるとモーターの回る向きや回転の速さが分かりやすくなります。なお、必要に応じて**回路図記号**を扱うようにします。

発光ダイオードを使用する際は、乾電池 1 個（1.5V）では点灯しないものがあります。その時は、乾電池 2 個（3.0V）を直列につなぐことになります。教材研究の際、実際に確かめてから授業に臨みましょう。

こんな活動もしてみましょう

① 豆電球を使って乾電池 1 個と乾電池 2 個を直列つなぎにし、その時の豆電球の明るさと電流の違いを比べてみましょう。

まず、乾電池 1 個、豆電球（2.2V 用を使えば、乾電池 1 個、2 個の時でも共通して使用できる）、ソケット付き導線、導線、簡易検流計（電流計）を使って回路を作り、豆電球が乾電池 1 個で点灯している時の明るさと電流の大きさを調べます。

次に、乾電池 2 個を直列つなぎにしたものに替えて同様に行い、乾電池 1 個の場合と比べてみましょう。

乾電池 1 個と 2 個の回路をそれぞれに作って行うと、同時にその違いを比べることができます。

② 豆電球 2 個を用意し単 1 と単 3 の乾電池にそれぞれをつなぎ、どちらの豆電球が早く消えるか確かめてみましょう。

豆電球、乾電池の単 1 と単 3、導線、導線付きソケットを使ってそれぞれ同じ条件で 2 つの回路を作ります。

次に、両方を点灯させた状態で、どちらの豆電球が早く消えるかを確かめてみましょう。

日常よく使われている乾電池は、マンガン乾電池とアルカリ乾電池がありますが、マンガン乾電池を使ってやってみましょう。

③ 乾電池で動く、できるだけシンプルな電気自動車を作り、走らせてみましょう。

いろいろな車が考えられますが、教科書やインターネット等で調べ、参考にしながらできるだけシンプルな車を作って走らせてみましょう。

また、実際に車を動かすと乾電池の重さの違いによるスピードの問題が生じてきます。単 1 と単 3 の乾電池各 1 個で車を走らせ、その違いを比べてみるのもよいでしょう。

B 生命・地球

（1）人の体のつくりと運動

（ア）　人の体には骨と筋肉があること。
（イ）　人が体を動かすことができるのは、骨、筋肉の働きによること。

━━━━━━━━━━━━━━━━━━━━━━━━━━━━━━━━━━

　人の体については、4年生で初めて学びます。そして、5年生「**動物の誕生**」、6年生「**人の体のつくりと働き**」へとつながります。

　私は小学生の頃、がい骨の標本がある理科室の前を通るのが怖くて嫌だったことを覚えています。ここでは、その骨と筋肉の働きが中心になります。

　この学習は、気を付けないと教師が一方的に問題提起を行いがちで児童の学習問題になっていないことがあります。人の体の骨と筋肉に児童が自発的に興味・関心を持って、楽しく学んでいく方法を工夫することが大切です。

　例えば、児童が自分自身の体を実際に手で触り骨の位置や硬さ、形をイメージし、それらをノートに記録し、自分の骨格や動きに興味・関心を持つことが大切です。体のつくりと運動の関係を調べていくと、外見や手触りだけでは限界があり、骨格模型や図鑑等を使って調べていくことになるでしょう。

　そこで、2つの導入方法を考えてみました。1つは、児童は運動が好きです。ボールを蹴ったり、投げたりする中で、骨はどのように動いているのか骨と筋肉の関係からその関節の仕組みを調べていく方法です。

　もう1つは、体全体から骨の動きを考えていく方法です。実際に自身の骨を手で触りながら、体全体の骨格を描いていきます。描いていると骨の動きや働きによって骨の形が違うことに気付きます。自分が描いた骨格全体の予想図を骨格標本等と比較し、その動きや働きを考えていくことで、より確かなものになっていくでしょう。

　人は骨と筋肉の動きで活動し骨が全身を支え、内臓や脳等を保護している働きを理解した時、「人の体って本当にうまくできているな」と、児童の口から自然に出てくるようにしたいものです。

　人の骨格が分かってくると他の動物の体の仕組みも知りたくなります。ネコが高い塀の上を簡単に歩いているのを見て不思議に思います。跳びはねるウサギの脚、長い馬の脚、空を飛ぶ鳥、くねくねと体を動かして前へ進むヘビ等は、実際に触って調べることは容易ではありません。そこで、いろいろな資料を使って、骨と筋肉の関係からその動きを調べ

ることになるでしょう。

　この学習では、資料を活用して調べる能力を育てることもねらいのひとつになっています。

こんな活動もしてみましょう

① 鳥の骨格について調べてみましょう。

　　電線にたくさんのハトが止まっているのに、電線はそれほどたるんでいません。

　　ハトは空を飛びやすいように体全体が軽いつくりになっているに違いありません。このように予想を立ててから、鳥の骨格や筋肉について、はく製や図鑑等を参考にして調べてみましょう。

② 鳥のくちばしと餌の捕り方や、鳥の脚の形と餌を捕る場所等の関係を調べてみましょう。

　　鳥は種類によって、くちばしの形や脚の長さが違っています。

　　例えば、くちばしの形はペリカンとツルでは違います。また、ツルとスズメのくちばしは先の方は尖っていますが、その長さは違います。

　　脚の形は、ツルとアヒル、スズメとタカではその長さや爪の形が違います。その鳥が住む環境や餌の捕り方等から考えて調べてみましょう。

③ 人の脚と馬の脚を比べてみましょう。

　　人も馬も足の付け根の部分の構造は同じです。そこで足の付け根から関節を中心に指先へと調べていきます。

　　人の**足の付け根**の次は**ひざ**、次が**足首**と**かかと**、**足の指**と続き、最後は**つま先**です。

　　今度は、馬の脚の部分を人と対比していきます。

　　まず、**足の付け根**の次は**ひざ**です。人のひざは前側に曲がっているのに対して、馬のひざは後ろ側に曲がっています。次は**かかと**です。私たちが馬のひざと思っているところはかかとなのです。かかとの先に長い**足の指**があり、その先が**つま先**になります。

　　このように見ていくと馬は400kgを超える自分の体重を、つま先立ちで支えていることになります。

（2）季節と生物

（ア）　動物の活動は、暖かい季節、寒い季節などによって違いがあること。
（イ）　植物の成長は、暖かい季節、寒い季節などによって違いがあること。

———————————————————————————————————————

　3年生「身の回りの生物」を受け、4年生は1年間通して**生物の成長や活動を季節と関係付けて**調べます。

　児童が興味・関心を持って、1年間植物や動物を調査し、観察するのは容易ではありません。そこで、校庭等で見られ、1年間の季節ごとの変化が比較的とらえやすいイチョウ、サクラ、ケヤキ等の落葉樹を選び観察の軸にします。

　同時に観察する草花としては、成長と気温の関係が分かりやすいヘチマやツルレイシ等が考えられます。これらの植物は夏に蔓の伸びが目立ち、花の形が違う雄花と雌花が咲き、その花にはハチやチョウ等が飛来します。雌花の元（子房）が育ち、大きな実になっていく過程が見られ、児童にとって魅力的です。

　また、花にはハチやチョウ等が飛来するので、植物の成長と動物の活動を同時に観察することができます。生き物に興味・関心を持って児童が季節と関係付けて成長を観察していくのに適しているといえるでしょう。栽培は学年で協力して計画的に行うことが大切です。なお受粉については、5年生**「植物の発芽、成長、結実」**で詳しく学習することになります。

　鳥やチョウ、セミ、トンボ、ダンゴムシ、アリ、テントウムシ、クモ等は夏に樹木や草花で見られたのに、冬になると一部を除いて見られなくなります。しかし、翌年には同じ生物が見られます。その鍵は、冬をどう過ごすかということです。トンボのヤゴ、チョウの蛹、カマキリの卵等のように、冬は成虫が形を変え春を待つのはひとつの生き方といえるでしょう。多くの木々は秋から冬に葉を落とし、新しい芽を膨らませ春を待ちます。

　日本には24節気があります。1年間をほぼ15日ごとに24に分けた季節区分です。1月の小寒に始まり、12月の冬至が最終になります。人々の生活と季節が実にうまく結び付いているのに感心させられます。

　その1つに3月5日頃の啓蟄があります。この頃になるとヨモギ、オオイヌノフグリ、ハコベ、ナズナ等、早春の野草が目立つようになります。すでに花を咲かせているものも見られます。1日の最高気温は10℃を超える日が多くなり、冬籠りしていた虫たちが地

上に出てきて活動し始めるのが啓蟄です。草花が育つことで、それを餌とする動物たちも活動を始めます。

こんな活動もしてみましょう

① ヘチマやツルレイシを育てて観察してみましょう。

特に、ツルレイシは夏の暑さを和らげるため、窓辺で育てられることが多くなりました。また、食用としても栽培されています。

ヒマワリやヘチマを実際に育てて、秋に収穫した際、1つの株や実から何個の種子ができたか数えてみましょう。わずか1つの種子から、たくさんの種子ができることに改めて驚き、自然の力と不思議さを感じます。

② アリとアブラムシの関係を調べてみましょう。

アリはアブラムシを、天敵といわれるテントウムシから守り、アブラムシから蜜をもらっているといわれています。実際にそういう関係が成り立っているのか、観察して確かめてみましょう。

③ 植物や動物はどのようにして冬を越しているか調べてみましょう。

植物はいろいろな姿で冬を越します。

サクラのように葉を落とすものや、ハルジオンのように冷たい風を防ぐために地面に葉をくっ付けてロゼット状にするもの、チューリップのように球根をつくるもの、ヒマワリのように種子をつくるもの等があります。しかし、どれも生きていて呼吸をしています。

動物もいろいろな姿で冬を越します。

冬にカマキリやトンボ、チョウ等の成虫の姿はほとんど見られません。成虫のままでは、冬の寒さから身を守ることや食べ物を十分に得ることができません。厳しい冬の寒さを乗り切るため、卵や幼虫、蛹等に姿を変え、子孫をつないでいるものと考えられます。

（3） 雨水の行方と地面の様子

（ア）　水は、高い場所から低い場所へと流れて集まること。

（イ）　水のしみ込み方は、土の粒の大きさによって違いがあること。

━━

　単元「雨水の行方と地面の様子」は、2020年度施行の学習指導要領に新設されました。このことによって、5年生「流れる水の働きと土地の変化」、6年生「土地のつくりと変化」と続き、地質教材がより充実しました。

　日本は自然災害の多い国です。小学校で台風や地震、津波、火山噴火等の基本的なことを学び、自然災害に関心を持ち、その特徴を理解し、対策を考えることが大切です。

　ここでは「雨水の行方と地面の様子」を学習します。雨が降る校庭を観察してから、雨が止んだ校庭を比較すると校庭に降った雨水はどこへ行ったのか不思議です。雨水が校庭にもっと溜っていてもよいはずです。

　そこで、雨上りの校庭の状態を見ながら、「雨水の行方」について考えることになります。児童からはいろいろな予想がでてくるでしょう。

　例えば、水は側溝へ流れた。土の中に浸み込んだ。水溜りになって残っている。蒸発した等が考えられます。

　これらを基に問題を作成することになるでしょう。

　なぜ水は側溝へ流れたのか。同じ校庭なのに水がある所（水溜り）と無い所ができるのか。校庭の水は蒸発してなくなったのか等の問題ができるでしょう。

　それらを観察や実験で確かめていくことになります。校庭の傾きを調べると、校庭の表面は、側溝の方へとゆるく傾いていることが分かります。また、校庭に雨水が溜ってない箇所と溜まっている箇所があることから、土の粒の違いに気付くでしょう。そこで、土の粒子の違いによる水の浸み込み方の実験方法を考えることになります。水の蒸発については、朝礼台の上に水がないことから容器等に水を入れ、太陽による蒸発を調べることが考えられます。

　いろいろな方法が考えられますが、できるだけ児童の考えた実験方法で検証していきたいものです。

　校庭の砂場は、本来ならば水はけがよいはずですが、雨上りの砂場で水が溜まっているのを見かけることがあります。そのあたりも実際に取り上げ予想を立て、その解明に挑戦するのもいいでしょう。

こんな活動もしてみましょう

① 身近にある歩道や車道の表面の傾きを調べてみましょう。

　私たちが普段歩いている歩道の表面を観察すると、水平ではなく側溝の方へ傾いていることが分かります。車道も中央が高く両端に向かって緩やかに低くなっています。降った雨は側溝へ流れるように工夫されています。車道を観察する際は車等に気を付けて行いましょう。

② 各地で降った雨水の行方を調べてみましょう。

　山間部で降った雨水は、低い方へ低い方へと流れていきます。それらの雨水はその地域の最も低い所へと流れて合流を繰り返し川になります。

　川は低い方へと流れながら、途中の地域で流れ込んでくる水を取り込み、やがて大きな川となって、最後は海へ流れていきます。この一連の水の流れは、大雨による自然災害やハザードマップを見る上で重要になります。

③ 土の粒の大きさによる、水の浸み込み方に違いがあるか調べてみましょう。

　同じ大きさのペットボトル2000mL（500mLでもよい）を2つ用意し、底の部分から約3cmのところで切り取ります。容器の口の部分はガーゼ等で覆い、それが取れないように輪ゴム等で止めると準備は完了です。

　まず、2つの容器を逆さにし、その中に粒の大きさが違う土をほぼ同量入れ、鉄製スタンドに取り付けます。

　次に、容器の上から同量の水を注ぎ、水の浸み込む様子を調べます。乾いた土を使うと、上から注いだ水の量と下から出てくる水の量が極端に違ってきます。土には水を保つ力（保水力）があることが分かります。

　また、砂を入れた時と粘土質の物を入れた時の、水が容器の下から出てくるまでの時間や出てくる水の量の違いを比べてみましょう。これらの実験は土石流等の災害時の現象と関係付けて考えてみましょう。

（4）天気の様子

（ア）　天気によって1日の気温の変化の仕方に違いがあること。

（イ）　水は、水面や地面などから蒸発し、水蒸気になって空気中に含まれていくこと。
　　また、空気中の水蒸気は、結露して再び水になって現れることがあること。

－その1－　【1日の気温の変化】

　上記「単元と内容項目」の（ア）を中心に述べます。

　ここでは最初に「天気の様子と気温の関係」を学習した後で、（イ）の「自然界の水の変化」を扱うことにしました。

　春は1年間を通して日による気温差が大きい時期です。**1日の気温が天気との関係でどのように変わるか**を調べるのに好都合といえるでしょう。

　天気は雲と深い関係があります。上空を見上げた全天を10とし、雲の割合が0～1を快晴、2～8を晴れ、9～10を曇りと決められています。一般には快晴も含めて晴れと言っていることが多いようです。新聞にのっている天気図の主な天気記号は、使えるようにしましょう。

　晴れの日、曇りの日、雨の日の1日の気温の変化については、今までの体験からそれらの様子の違いを話し合い学習問題を作ることになります。

　学習問題ができたら校内で観測する場所を決め、定点観測を行います。気温等をはかる際に、はかるたびに場所や高さの位置が違っていては正確なデータが得られません。正確な測定があって正しい結果が得られます。

　天気による主な活動は、①雲の量を調べる。②雲の形や特徴（種類）を調べる。③気温をはかる。④風向や風力を調べる。⑤1日の変化を表やグラフにまとめる等が考えられます。④の風向や風力の調べについては、児童個々が考えた観測器具を使って観測するのもよいでしょう。

　百葉箱は風通しのいい芝生の上が最適な設定場所ですが、学校の多くは百葉箱を設置するのに適した場所が確保できずに苦労しているのが現状です。百葉箱の中に自記温度計を入れることで、1日の気温の変化が分かり、観測がより深まります。晴れの日、曇りの日、雨の日の気温の変化が折れ線グラフで表されるので、1日の気温の変化を比較することが

でき天気と気温の関係がより理解しやすくなります。

　また、晴れた日は最高気温が午後 2 時頃、最低気温は日の出前頃といわれていますが実際に確かめてみるのもよいでしょう。

こんな活動もしてみましょう

① 　地面からの高さによる気温の違いを調べてみましょう。

　温度計を使って、地面から 20cm、120cm の位置で気温をはかってみましょう。太陽の熱は最初に地面を暖めます。暖まった地面の熱は周りの空気を暖めます。

　また、芝生や土、コンクリート上で、それぞれ地面から約 120cm の高さの気温をはかり違いを比べてみましょう。気温は芝生の上で地面から、およそ 120 ～ 150cm の高さではかったものと決められている理由が理解できるでしょう。

② 　自分の学校にある百葉箱の中に入っている器具を調べ、それらを使えるようにしましょう。

　百葉箱の扉は開閉の際の直射日光を防ぐため北側に取り付けてあります。百葉箱の中には乾湿計、風向風速計、気圧計、最高温度計、最低温度計等が入っています。また、百葉箱の近くには雨量計が設置されています。

　これらはテレビ等で放映される天気予報で聞いたりする言葉ですが、実際に自分で扱っているとより身近に感じるようになるでしょう。

　例えば、「1 日に 80 mL の雨が降るでしょう」「風速 30m/s の風が吹くでしょう」等がより実感できるようになります。

③ 　ペットボトルを使って雲を作ってみましょう。

炭酸飲料用のペットボトル 500 mL を用意し、その中に少量の水を入れて湿らせます。

　次に、ペットボトルの中に線香の煙を入れふたをします。

　ペットボトルの中程を両手の指全体で強く握り、凹ませてから一気に指を緩めます。その瞬間、ペットボトルの中に雲ができます。指を離した時に中の空気が膨張し温度が下がり、雲ができたと考えられます。

（4）天気の様子

（ア）　天気によって１日の気温の変化の仕方に違いがあること。

（イ）　水は、水面や地面などから蒸発し、水蒸気になって空気中に含まれていくこと。また、空気中の水蒸気は、結露して再び水になって現れることがあること。

— —

－その２－　【 自然界の水の変化 】

　上記「単元と内容項目」の **（イ）** を中心に述べますが、この学習はどの単元で行うか意見が分かれるところです。ここでは単元**「金属、水、空気と湿度」**、**「雨水の行方と地面の様子」** ではなく、結露を重視し単元**「天気の様子」** の中で取り上げます。

　４年生**「金属、水、空気と温度」** で、水は温度によって水蒸気や氷に変わることを学習します。児童の中には、水は沸騰しないと水蒸気にならないと考えている児童もいます。家庭等でやかんの水が沸騰するのを見て、水は 100℃ 近くでないと水蒸気にならないと考えていたとしても不思議ではありません。

　児童は日常生活の中で洗濯物が乾くことや水槽の水が減ること、**雨後の朝礼台の水がなくなるのは、水が蒸発した** からだということは知っています。しかし、気温が低いと水は蒸発しているといえる自信はないようです。そこで、実際に蒸発しているかを確かめることになります。

　例えば、洗濯物を洗い終えた時の重さと、洗濯物が乾いた時の重さをはかると、その重さの違いは歴然としています。その差は水にあると考えると思った以上に、水が空気中に水蒸気となって蒸発していることになります。

　「蒸発した水はどこへ行ったのだろう」と問うと、「空気中へ」と答えます。**「空気中に水蒸気があるとすれば、それを取り出すことができる」** という仮説のもと、取り出す方法を考えます。

　児童は自分が考えた方法や自分の考えに近い方法でグループ実験を行い、予想通りの結果が得られると自信を持ちます。

　空気をビニル袋で集め冷蔵庫に入れて冷やす方法。コップに氷水を入れて周りの空気に触れさせる方法等が考えられます。いずれも周りの空気を冷やし水に変化させる方法です。冬に暖房器具等で暖まった部屋の空気が冷たい外気に触れ、窓ガラスの内側に水滴が付く

結露と同じです。この現象が理解できると、結露を防ぐことも考えられるようになり理科がより楽しくなるでしょう。

　児童は素晴らしいアイディアを持っています。十分時間をかけ児童の考えを引き出してほしいものです。

こんな活動もしてみましょう

① 　洗濯物を洗い、それを干す前と、干した後の重さの違いを調べてみましょう。

　　洗濯機で洗い終わった物と、それを干して乾かした物の重さを秤ではかってみると、思っていた以上の違いに驚きます。軽くなった分の水が水蒸気になって、空気中に拡散していったと考えられます。

　　そこで、空気中にある水蒸気を集めて冷やせば水が出てくるはずです。ぜひ、やってみましょう。

② 　氷水を使って結露を作ってみましょう。

　　コップに氷水を入れ、コップの外側にできる水滴の様子を観察してみましょう。この水滴はどこから来たのでしょうか。コップの周りの空気（水蒸気）が冷やされ水滴になった物です。空気の温度の違いによる結露のでき方も観察してみましょう。

　　冬に窓ガラスや壁等にできる結露も同じ現象です。

③ 　湖や川から立ち上ぼる湯気を観察してみましょう。

　　冬の寒い朝、湖や川の水面から白い湯気が上がっているのを見ることがあります。これは、湖や川の温度よりも空気中の温度がより低いために、水面から蒸発した水蒸気が冷やされて湯気になっているからです。

　　また、浴室では夏に比べて冬は、浴室の天井から水滴が多く落ちることや、浴室の中の湯気で物が見えにくくなることがあります。その原因を考えてみましょう。

　　大気中で水面や地面から蒸発した水蒸気が上空で冷やされ水滴になり、さらに雲になり、雨となって地上に降ってくる過程を考えてみましょう。

（5）月と星

（ア）　月は日によって形が変わって見え、1 日のうちでも時刻によって位置が変わること。

（イ）　空には、明るさや色の違う星があること。

（ウ）　星の集まりは、1 日のうちでも時刻によって、並び方は変わらないが、位置が変わること。

―――――――――――――――――――――――――――――――

―その1―　【 月の観察 】

上記「単元と内容項目」の **（ア）** を中心に述べます。

4 年生では天体観測の仕方の基礎を身に付け、月や星の位置や動きを実際に観測することになります。その観測が正確でなければ、得られる結果も正確なものは得られません。

3 年生 **「太陽と地面の様子」** で太陽の位置や動きを観察し、スケッチの仕方を学んでいます。しかし、月や星の観察は、大部分が夜の観察になります。暗闇の中でも、自分で観察できる技能を身に付ける必要があります。

家庭での観察日は、安全に行うために必ず保護者に連絡することが必要です。また、家族が観察に参加することで家庭の話題にもなるでしょう。

学校では児童に正しい観測の仕方を身に付けてもらうために、昼間見える月（上弦の月頃）で観測を行います。具体的には、昼間の月の動きを 1 時間おきに数回観察し、月が見える方位や高さの測り方等を体験します。

その際、観察用紙に記載したのを見て、不安がある児童にはその場で話し合いながら修正していきます。また、記録用紙には昼間に目立つ木や建物等を記載しておくと、月の見える方位や高さ、動きがより分かりやすくなります。

家庭で月を観察する際は、時間と月の方位や高度がある程度押さえられていると、観察場所が学校から離れた場所でも、同時刻の月の観測ができます。

実際に月を観察すると、**「日によって形が変わって見えること」** や **「1 日の中でも時刻によって位置が変わること」** 等が分かります。満月を観察することで今までばらばらだった三日月、半月等の動きがまとまり、太陽と同じように東の方から昇り、南の空を通り、西の方に沈むことを理解することになります。

月や星の多くは夜の観察になります。安全には十分気を付けましょう。

月と太陽の位置関係で見える月の形が変わることについては、6年生「月と太陽」で学習します。

こんな活動もしてみましょう

① 十五夜頃の月を観察してみましょう。

十五夜頃の月が見られる午後6時頃から午後10時頃までに、月の動きを観察してみましょう。

昔の人は、月があまりにもきれいだったので、翌日も月を見ようとして月が出るのを立ったままで待っていたそうです。次の日の月は、なかなか出ないので座って待ちました。次の日の月はさらに遅いので寝て待ったそうです。陰暦の17日の月を立待月、18日の月を居待の月、19日の月を寝待の月というようになったとのことです。

※月の出は1日で約48分遅れます。角度にして約12°です。

② 月が動く連続写真を撮ってみましょう。

カメラを丈夫な三脚に固定してから、カメラにレリーズを取り付けます。

月齢5〜7くらいの月が南西の空に見える時間に、その月をカメラのファインダーで覗き（月が画面の左上から右下方向へ動くことを予想し）、月が画面の左上にくるように合わせます。これで準備完了です。

レリーズを押し、シャッターを解放したままにします。次に、カメラが動かないように手でカメラのキャップを取り外し、3〜5秒後にキャップを元に戻します。同じことを5分間ごとに数回行った後、レリーズのストッパーを解除し、シャッターを切ります。写真にはキャップを取り外した数の月が映っています。

③ 季節による満月の南中高度を調べてみましょう。

太陽の南中高度は夏至の頃が最も高く（約78.4°）、冬至の頃が最も低く（約31.6°）なります。満月の高度は冬が高く、夏は低く見えますが実際はどうでしょうか。観察して調べてみましょう。

（5）月と星

（ア）　月は日によって形が変わって見え、１日のうちでも時刻によって位置が変わること。

（イ）　空には、明るさや色の違う星があること。

（ウ）　星の集まりは、１日のうちでも時刻によって、並び方は変わらないが、位置が変わること。

―その２―　【 星の観察 】

　上記「単元と内容項目」の（イ）、（ウ）を中心に述べます。

　日本列島は、北東から南西方向へ弓なりの形をし、そのほぼ中央には山脈や山地が連なっています。そのため季節風によって、天候が大きく影響されます。特に、冬の日本海側の地域は太平洋側の地域に比べ晴れの日が極端に少なく、星の観察には厳しい日が続きます。

　このように考えると星の観察は、日本海側の地域では夏に行うように計画を立てることになるでしょう。

　この単元の導入は七夕の頃、**児童がイメージしている星空の絵**を画用紙やノートに自由に描いた中から代表的な絵をいくつか選び説明してもらいます。このことから児童の星についてのイメージを知ることができます。

　黄色だけの星が描かれているもの、星の大きさや形が違うもの等が問題になり、「本当はどうなっているのか」ということで観察をすることになります。

　実際に観察すると、上記の（イ）はすぐに解決しますが、「星も太陽と同じように動いているのではないか」という問題が新たに生まれます。３年生で太陽を観察したことから、南の空の星や星座を中心に観察し、太陽の動きと比較することになります。

　そこで、夏はさそり座の１等星アンタレスを中心に行い、太平洋側の地域では、冬にオリオン座を中心に観察し、上記の（ウ）を明らかにすることになるでしょう。もちろん太平洋側の地域でも夏にさそり座を観察しても問題ありません。しかし、寒い冬の澄んだ空で、２個の１等星を輝かせる四角形をしたオリオン座の姿は、児童に観察させたいものです。日本海側の地域では、冬のオリオン座については映像やプラネタリウム等の活用が考えられますが、観察できる日があればぜひ行いたいものです。

　夜空に雄大に横たわる北斗七星を初めて見た時、図鑑やプラネタリウムで見るのと違い、

その大きさに驚き宇宙の広さを実感することでしょう。星と星を線でつないでいくと、次から次へと星空の世界が広がっていきます。

こんな活動もしてみましょう

① オリオン大星雲を観察してみましょう。

　オリオン座の四角形の中に、3つ並んだ星（3つ星）があります。その一番下の星の辺りを、天体望遠鏡（双眼鏡でもよい）で見てみましょう。白い雲のような物が見えます。これがM42といわれるオリオン大星雲です。観察してスケッチしてから図鑑等の絵や写真と比べてみましょう。

② 旅行や田舎等に行った際、夜空を観察してみましょう。

　旅行や田舎等に行った際、星が見られたら、星空をしばらく眺めてみましょう。天の川の様子や星の数の多さに驚くことでしょう。また、流れ星が見られることもあるでしょう。

　夏、天頂付近の空を見るとベガ（こと座）、アルタイル（わし座）、デネブ（白鳥座）が輝いています。いずれも明るい1等星です。この3つの星を線でつなぐと夏の大三角ができます。ベガ（織姫）とアルタイル（彦星）は、七夕伝説と共に語り継がれています。

　冬、南の空に見られるオリオン座の四角形を、午後6時から午後10時頃まで2時間おきに観察してみましょう。四角形の傾きは変わっても、その形は変わらないことが分かります。

③ 夜空に見られる惑星を観察してみましょう。

　地球から見る星で1番明るい星（恒星）は、おおいぬ座のシリウスです。ところが、この星よりも明るく見える星があります。金星、火星、木星です。

　これらは太陽系の星で惑星です。惑星は自ら輝いている恒星のようにキラキラ輝いていないので、すぐに見分けることができます。また、月や金星、火星、木星、土星のいくつかが並んで見られることがあります。観察すると、惑星や衛星はそれぞれが勝手に動いているのではなく、決まった道を運行しているのが分かります。これらの天体での位置や動きを調べるには「天文年鑑」等を利用すると便利です。

第5学年
［理科目標及び内容と単元の構想］

（1）物質・エネルギー

① 物の溶け方、振り子の運動、電流がつくる磁力についての理解を図り、観察、実験などに関する基本的な技能を身に付けるようにする。

② 物の溶け方、振り子の運動、電流がつくる磁力について追究する中で、主に予想や仮説を基に、解決の方法を発想する力を養う。

③ 物の溶け方、振り子の運動、電流がつくる磁力について追究する中で、主体的に問題解決しようとする態度を養う。

（2）生命・地球

① 生命の連続性、流れる水の働き、気象現象の規則性についての理解を図り、観察、実験などに関する基本的な技能を身に付けるようにする。

② 生命の連続性、流れる水の働き、気象現象の規則性について追究する中で、主に予想や仮説を基に、解決の方法を発想する力を養う。

③ 生命の連続性、流れる水の働き、気象現象の規則性について追究する中で、生命を尊重する態度や主体的に問題解決しようとする態度を養う。

≪ 5 年生で身に付けたい **観察・実験の技能** ≫

○解剖顕微鏡、生物顕微鏡の使い方

- **直射日光**が当たらない水平な所に置く。（解剖、生物）

- 反射鏡で明るく見えるようにする。（解剖、生物）

- 最初は、接眼、対物レンズ共、**低倍率**を使用する。（生物）

- 覗いたまま、調節ねじを回してピントを合わせる。（解剖、生物）

- 生物顕微鏡には、**鏡筒やステージを上下**させてピントを合わせるタイプがある。対物
  レンズをプレパラートに近づけてから、少しずつ**離しながらピントを合わせる。双眼
  実体顕微鏡**も使われるようになってきた。

○上皿天秤の使い方

- 皿をのせた上皿天秤を水平なところに置き、腕が水平につり合っていることを確かめ
  る。調整ねじは腕の両端か、腕の中央にある。

- **物の重さをはかる**場合は、皿にはかる物をのせ、他方の皿に分銅をのせていく。
  必要な量をはかり取る場合は、皿に同じ重さの分銅をのせ、他方の皿にはかり取りた
  い物をのせていく。

- 最近は、操作が簡単で精密にはかれる**電子天秤**の使用が増えてきた。

○スポイト、駒込ピペットの使い方

- プラスチック製とガラス製の物がある。ガラス製の物は
  特に先端が割れやすいので扱いに気を付ける。

- 駒込ピペットはスポイトと比べ目盛のある物が多い。共
  に親指と人差し指で操作するが、**駒込ピペット**はゴム球
  の部分とガラス管の部分の両方を**掌で包み込む**ようにし
  て操作する。ゴム球を押しつぶしてから液体の中に入れ、
  ゴム球をゆっくり緩めながら吸い上げる。

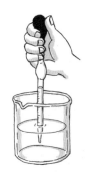

○電源装置の使い方

- **5 年生から使用したい器具**である。小学校では主に乾電池の代わりとして使用するこ
  とが多い。

- **直流、交流の切りかえスイッチ**を間違えないようにする。

- 電源装置の＋端子、ー端子に回路からの導線をつなぎ、スイッチを入れる。次に電圧
  調整つまみで電圧を調整する。

A　物質・エネルギー

単元と内容項目　5年

（1）物の溶け方

（ア）　物が水に溶けても、水と物とを合わせた重さは変わらないこと。

（イ）　物が水に溶ける量には、限度があること。

（ウ）　物が水に溶ける量は水の温度や量、溶ける物によって違うこと。また、この性質を
　　　　利用して、溶けている物を取り出すことができること。

━━━━━━━━━━━━━━━━━━━━━━━━━━━━━━━━━━━━━━━

　家庭でコーヒーや紅茶を飲む際、砂糖を入れて飲むことがあります。その量は人の好み
によって違いますが、児童は砂糖を多く入れると、より甘くなることを知っています。
ここでは安全で経済的な食塩を中心に述べます。

　児童は食塩が水の中で溶けて見えなくなっていく現象を見て、**「溶けた食塩は水の中に
存在している」**という仮説のもと、全体の水溶液の量が増えたことや、溶かした食塩の分
だけ重くなったこと等から、食塩はなくなったのではなく、食塩水の中に目に見えない小
さな粒の状態で存在していることを理解します。

　そこで、溶けた食塩をろ紙を使って取り出そうとしますが、ろ紙には何も残りません。
しかし、ろ紙を通過した水溶液を蒸発乾固すると白い粒が出てきます。この粒を解剖顕微
鏡やルーペ等で観察すると立方体の結晶をした食塩であることが分かります。

　泥水はろ紙を使ってろ過すると、泥やゴミ等がろ紙の表面に残りますが、食塩水は何も
残りません。水に溶けた食塩の粒が、いかに小さいか推論できるでしょう。泥水や牛乳は
水溶液とはいいません。食塩水や砂糖水は透明なコップに入れた時、向こう側が見える物
を水溶液といい区別しています。

　食塩は常温で一定量の水にどれだけ溶けるか溶かす量を少しずつ増やしていくと、食塩
はビーカーの底に溶け残るようになります。撹拌棒で撹拌しても溶けません。「溶け残っ
た食塩はこれ以上溶かすことができないのか」という新たな問題に対して「水の量を増や
す」、「食塩水を加熱する」等が考えられるでしょう。ビーカーに水を加え撹拌すると、溶
け残っていた食塩は溶けて見えなくなります。しかし、食塩水を温めながら撹拌しても、
食塩はほとんど溶けずに残っています。そこで、温度による溶ける量の違いを食塩以外の
固体としてミョウバンを使用し、実験を行います。

　ミョウバンは常温の水ではわずかしか溶けませんが、温度が上がると溶ける量が多くな
り、温度が下がると溶けていたミョウバンが析出してきます。児童は水温が下がるにつれ

て、ミョウバンが水溶液の中から析出する現象（再結晶）に驚き、温度と溶解度との関係を実感することでしょう。

こんな活動もしてみましょう

① 　コップの底に砂糖が残らないようによくかき混ぜ、砂糖水を作ります。そのまましばらく置きます。さて、コップの中の砂糖水は、上の方と底の方ではどちらが甘いでしょうか。

　　コップの上の方と底の方の砂糖水をストローで取り出し、どちらが甘いか確めてみましょう。

　　砂糖水の中の砂糖と水の粒は、コップ全体に均一に広がり存在しているはずですが、甘さの感じ方はいかがですか。

② 　300mL ビーカー 1 個と 100mL ビーカー 3 個を用意します。100mL ビーカーに水だけの物、10％の食塩水の物、20％の食塩水の物を作り、それぞれの液を違う色で着色してから 300mL ビーカーに入れ 3 つの層を作ってみましょう。

　　水だけの物 A、水 90mL に食塩 10g を入れた 10％の食塩水の物 B、水 80mL に食塩 20g を入れた 20％の食塩水の物 C を作り、それぞれの液を好きな色で着色します。

　　次に、300mL ビーカーの内側にガラス棒の先端をつけ、そのガラス棒を伝わらせながら C、B、A の順に各液をそっと入れていきます。乱れることなく色の違う 3 つの層ができましたか。

③ 　水が入っているコップの中にコーヒーシュガーを入れ溶かします。溶けた液は、向こう側が見えるか確かめてみましょう。

　　食塩水や砂糖水の水溶液は無色透明です。

　　水に有色のコーヒーシュガーを入れた水溶液は、向こう側が見えます。水に硫酸銅を入れて溶かした硫酸銅水溶液はきれいな青緑色をしています。硫酸銅水溶液も向こう側が見えます。このような水溶液を有色透明といいます。

※牛乳のように水に混じっている粒子の直径が、10^{-5} 〜 10^{-7}cm 程度の物をコロイド粒子といい、コロイド溶液といって水溶液と区別しています。

(2) 振り子の運動

（ア）　振り子が1往復する時間は、おもりの重さなどによっては変わらないが、振り子の長さによって変わること。

― ―

　たこ糸におもりを付け、鉄製スタンド等に取り付けてから、おもりを横に引いて放すとおもりは行ったり来たりを繰り返します。これを振り子といいます。

　単元の導入はいろいろな事象との出会いが考えられます。ここでは、重さの違う同じ大きさの木の玉、ガラスの玉、金属の玉を用意し、糸の長さが違う振り子を作り、それらを同時に動かし、3つの玉の動きを観察します。

　児童は振り子の動きの面白さに興味を示していますが、やがて振り子がバラバラに動くことから疑問を持ち、その原因がおもりの重さ、糸の長さ、おもりを放す時の位置等が関係するのではないかと考え、条件を整理しながら問題を解決していくことになります。

　振り子の1往復ごとの時間をはかるとどうしても誤差が生じます。そこで、ストップウォッチやデジタルタイマー等を使って振り子の5往復の時間を3回はかり、その合計を3で割ると5往復の平均時間がでます。それを5で割ると1往復の平均値が得られます。そこで振り子が1往復する時間は何と関係があるのか、明らかにしていきます。

　児童が行う問題解決の実験は大きく2つの方法が考えられます。

　1つは、①重さの関係、②おもりを放す位置の関係、③糸の長さの関係等の実験を全グループが順番に行っていく方法です。どの順番で行っていくかで授業の盛り上がりも変わってきます。例えば、最初に③を行い、糸の長さが関係することが分かってから、「①、②は、もう関係ない」ではなく「①、②は、関係しないのかな」と考えながら実験を行っていくことが大切です。

　他の方法は、活動時間を決めてからグループにすべてを任せて、好きな順番で3つの実験を行っていく方法です。この実験で大切なことは、条件を制御して行うことです。①の重さについて調べる場合は、重さ以外はすべての条件を同じにして行うことです。②、③等についても同様に行います。

　学校や公園のブランコは、振り子の規則性を確かめるよい教材です。導入や発展、まとめ等で授業に活用してほしいものです。

　子供の頃、わが家の振り子時計が夏に遅れ、冬に進むので父親がその都度、おもりの位

置を上下に動かし調節していたことを思い出します。最近の家庭では振り子時計を見かけることが少なくなりました。

こんな活動もしてみましょう

① メトロノームのおもりの位置を変え、振れる回数を調べてみましょう。

　メトロノームのおもりの位置を上下に移動させることで、その周期が変わることを確かめましょう。

　おもりを移動させるごとに重心までの距離の長さを調べてから、回数を数えるようにしましょう。

② ブランコで振れの速さを調べてみましょう。

　振り子の振れの速さは、糸をつるした位置から、おもりの重心までの長さで決まります。

　ブランコに座ってこいでいる時と、立ってこいでいる時では重心の位置が違ってきます。1往復する時間が重さとは関係なく、長さで変わることを実際に確かめてみましょう。

③ 穴の開いた5円玉3個にタコ糸を付け、横に張ったタコ糸に吊るして3つの振り子をつくり、振れる様子を観察してみましょう。

　穴の開いた5円玉3個を用意し、それぞれにタコ糸を結びつけます。

　次に、用意していた2つの鉄製スタンドの間にタコ糸をゆるませて張り、5円玉をつり下げ3つの振り子を作ります。

つり下げた糸の長さは10cmの物A、20cmの物BとCの合計3つです。

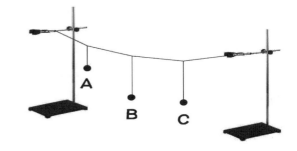

　3つの振り子の動きを止めてから、Bの振り子だけを振ります。するとAの振り子は振れないのにCの振り子がBと同じリズムで振れ始めます。

　同じ糸の長さの振り子を動かすと同じ長さの振り子が振れ始めます。この現象を共振といいます。

（3） 電流がつくる磁力

（ア） 電流の流れているコイルは、鉄心を磁化する働きがあり、電流の向きが変わると、電磁石の極も変わること。

（イ） 電磁石の強さは、電流の大きさや導線の巻き数によって変わること。

━━━━━━━━━━━━━━━━━━━━━━━━━━━━━━━

　単元の導入時で、児童と電磁石の出会いをどうするか、大きく2つに分けて考えてみました。

　1つは、乾電池と豆電球を導線でつなぎ回路を作り豆電球を点灯させた状態で、導線の下に方位磁針を置くと針が振れ、上に置くと反対方向に振れることから、電流が流れている導線は磁力が生じていることに気付きます。針の振れをもっと大きくするため方位磁針に巻く導線を多くしたりしながらコイルを作り、その中に鉄心を入れ電磁石を作り、その性質を調べていく方法です。

　他の方法は、教師が電磁石を使い活動しているのを児童が見て、興味・関心を持ったところで全員が電磁石を作り、その性質を調べていく方法です。

　電磁石の製作は市販されている材料を購入し、児童1人ひとりが作った電磁石を使って、その性質を調べていきます。電磁石の製作では、鉄心に導線を隙間なく同じ向きに巻いていきますが、途中で導線を絡ませ、予想した以上に時間がかかり、教師の支援が必要になる場合も考えられます。

　製作した電磁石はスイッチを切ると磁石の働きがなくなることや、乾電池の極を替えると電流の向きが替わり電磁石の極も替わること等、永久磁石との違いを明らかにしながら電磁石の特性を理解します。

　「電磁石の磁力をもっと強くしたい」 という願望から、①導線の巻き数、②導線の巻く幅、③導線の太さ、④コイルの心、⑤電流の強さ等が問題になるでしょう。材料の入手や準備が可能なら発展として、その中のいくつかにトライさせたいものです。

　導線の巻き数による磁力の違いを調べる実験は替えるのは巻き数だけにし、導線の長さや太さ、電流の強さは同じにします。巻き数の少ない方の電磁石は巻き終わった後、導線がより多く余っています。導線の長さの条件を同じにするため切らずに紙等に巻いて残すことを忘れないようにしましょう。また、実験を行う際、回路に電流計を入れることで新たな発見があるでしょう。

次に、電磁石を使って器具を作りますが、教科書にのっている物も参考にし、いろいろな物作りに挑戦してみましょう。例えば、モーターや電信機、ベル等も加えてみるのもよいでしょう。

こんな活動もしてみましょう

① １本の導線に電気を流すと方位磁針の針が動くことから、巻き数を増やしながらコイルを作り、さらに電磁石へと挑戦してみましょう。

　図のように乾電池１個と導線付き豆電球、導線で回路を作り、導線の下に方位磁針を置き南北を指す針と導線が同じ向きになるように合わせてから電流を流し、針の振れを調べます。

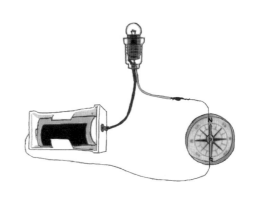

　次に、方位磁針を導線の上に同様にして置き、電流を流すと針が逆に振れます。１本の導線でも電気が流れると磁力が生じ、方位磁針の針が振れることが分かります。

　方位磁針の容器ごと導線を２回巻きにし、方位磁針の針の振れが導線１本の時と比べ、振れ幅が大きくなっていれば、巻き数を増やしコイルを作ります。できたコイルに砂鉄が反応したら、コイルの中に鉄釘を入れ、鉄釘にクリップが付くかやってみましょう。

② モーターの材料を集めて、モーターを作って回してみましょう。

　教科書に掲載されている物やインターネット等で調べて、簡易モーターを作成し、実際に回してみましょう。

③ 自作の電磁石を作ってみましょう。

　15cm くらいの鉄釘を赤くなるまで熱し、冷ましてから鉄釘に薄い紙を巻き、その上から導線を二重になるように 200 回巻きます。その際、導線の両端が 20cm くらい残るようにします。巻き終えたら両端のエナメルをはがし乾電池につなぐと、電磁石のできあがりです。電流を流して電磁石の働きを確かめてみましょう。長く続けていると導線が熱くなるので注意して行いましょう。

B　生命・地球

（1）植物の発芽、成長、結実

（ア）　植物は、種子の中の養分を基にして発芽すること。

（イ）　植物の発芽には、水、空気及び温度が関係していること。

（ウ）　植物の成長には、日光や肥料などが関係していること。

（エ）　花にはおしべやめしべなどがあり、花粉がめしべの先に付くとめしべのもとが実に
　　　なり、実の中に種子ができること。

━━

　児童に植物が発芽する条件を聞くと、水と温度はすぐにでますが空気は当たり前すぎて
か、なかなかでないことがあります。また、種子は生きているという認識をしていない児
童もいますが、発芽について話し合っているうちに種子が生きていることに気付きます。

　水、空気、温度、土等の発芽の条件が出尽くしたところで、これらを実際に確かめてい
くことになります。実験には種子が大きく観察しやすいキントキマメ（金時豆）やインゲ
ンマメ等がよいでしょう。

　例えば、水による発芽の実験は脱脂綿を水に浸したものと脱脂綿のままのものを用意し、
その上にインゲンマメを置き、それ以外の条件はすべて同じにして発芽を調べます。空気、
温度等についても同様に行います。

　児童は発芽の様子等から、発芽に必要な養分が種子の中に含まれていることを予想し、
インゲンマメの切り口に希釈したヨウ素液を付けるとデンプン反応が見られることから種
子には発芽に必要な養分が含まれていることを理解します。

　本葉が出る頃には子葉がしおれ、デンプン反応が見られなくなることから、発芽にデン
プンが使われたことを推論します。その際、トウモロコシやイネの種子（モミ）の発芽も
一緒に行い、比較してみるとよいでしょう。

　インゲンマメは子葉がしおれてからも成長し続けます。発芽後の成長には何が必要かを
調べることになります。成長に必要と考えられる条件を話し合ってから、調べる条件だけ
を変え、他の条件はそのままにして実験を行います。結果が得られたら植物は花壇や畑に
移し、収穫を楽しむのもよいでしょう。

　結実については、アサガオ、トウモロコシ、キュウリ等が考えられます。特に、キュウ
リの雌花は、下部にキュウリの形をした実になる基（子房）がすでに観察できます。それ
らがすべて、そのまま大きく育っていくだろうと考えている児童もいます。受粉した雌花

としない雌花がどのように変化していくか、比較観察していくことで、雄花の受粉の働き
を理解するでしょう。

こんな活動もしてみましょう

① **アサガオを使って、花粉の働きを調べてみましょう。**

アサガオは1つの花に6本の雄しべ、1本の雌しべがあります。開花前の同じくら
いの花A、B、2つを選び、両方の雄しべすべて取り除き雌しべだけ残します。

次に、両方の花にビニル袋を被せます。両方の花が開花したら、ビニル袋を取り除き、
Aには雌しべの先（柱頭）に、別のアサガオの花粉を付け（受粉）ます。Bには花粉は
付けません。再び、両方の花にビニル袋を被せ、子房の成長の様子を観察しましょう。

② **キュウリやトウモロコシを育て、結実の様子を観察してみましょう。**

キュウリとトウモロコシでは、花の形がずいぶん違います。

自然界では、ハチやチョウ等の虫が飛来し、キュウリの雄花の花粉を雌花に受粉しま
す（虫媒花）。

トウモロコシは茎の上部で咲く雄花の花粉や他のトウモロコシの雄花の花粉が風等で
運ばれ、茎の下部にある雌花に受粉します（風媒花）。トウモロコシの雌花は雄花より
下の方にあり、たくさんの長いひげ（柱頭）を出していて、より受粉しやすくなってい
ます。受粉すると柱頭の基が膨らみ実ができます。

③ **1つのヒマワリの花から、いくつの種子ができているか調べてみましょう。**

ヒマワリの大きな花（花頭）は、**管状花**と**舌状花**の2種類の花が集まってできてい
ます。その花の種子が熟したら、その数を数えてみましょう。

1つの花からたくさんの種子ができることに驚きます。このように植物は自分たちの
種を絶やすことなく引き継いでいます。

（2）動物の誕生

（ア）　魚には雌雄があり、生まれた卵は日がたつにつれて中の様子が変化してかえること。

（イ）　人は、母体内で成長して生まれること。

――――――――――――――――――――――――――――――――――――――

　「動物の誕生」では、**メダカの誕生**と**人の誕生**を扱っています。ここではメダカの誕生から成長を詳しく観察してから、人の誕生を扱います。（P35「こんなことがありました」参照）

　そこでメダカとの出会いをどうするかです。1 つは、教師の方で前もってメダカを入れた水槽を準備し教室に置いておくと、それを見た児童は、いろいろなことを話しかけてきます。それらを整理しながら授業を始める方法です。

　他の方法は、クラスで「メダカを飼って増やすにはどうすればよいか」メダカを飼育し増やす方法を考えます。メダカにとって快適な環境とはどういう所なのかを考え話し合い、その環境を準備することでメダカへの興味・関心は高まることになるでしょう。中にはメダカについて詳しい情報を持っている児童もいるでしょう。いろいろな考えを出し合ってメダカにとって住みよい環境を作ってあげたいものです。

　まず、**雌雄のメダカを同じ水槽で飼育**し産まれた受精卵がどのように変化していくのか双眼実体顕微鏡や解剖顕微鏡、ルーペ等を使って観察していきます。

　卵からかえったばかりのメダカは、2 〜 4 日は、何も食べずに泳いでいますが、お腹の膨らんだ部分が小さくなっていくことから、その養分が成長に使われているのではないかと推論します。

　児童は植物が発芽する際の子葉の働きと似ていることと結び付け、子葉がしおれる頃には、植物が根から水や養分を吸収し成長していくのと同様に、メダカも自分で餌を捕って成長するようになるからだと考えます。

　人の誕生については、受精卵が母体内で成長していく様子を資料等で調べていくことになりますが、まず、お腹の中の 8 〜 9 ヵ月頃の胎児の予想図を児童に描かせるといろいろなことが分かってきます。なぜ、そのような絵を描いたのか、その理由を話し合うことで、これからの学習問題がはっきりしてきます。

　へその緒と胎盤の関係や羊水の働き等が分かってくると、お腹の中で胎児が守られている仕組みや働きの巧みさに感動することでしょう。また、児童がお腹の中にいた頃や出産

時の様子等を家族から聞くことで、周りの方々に大事に見守られていたことを感じ取るでしょう。人の誕生を扱うのは、小学校5年生頃が最も適しているように思われます。

こんな活動もしてみましょう

① **メダカを飼って、メダカを増やしてみましょう。**

　　メダカは水温が25℃くらいでよく活動します。メダカにも相性があるので、水槽の大きさによってメダカを入れる数も違ってきますが、オスとメスを各3〜4匹ずつ入れるとよいでしょう。

　　水槽にはカナダモ等の水草を入れると、それに卵を産み付けます。卵から孵化して泳ぐようになった時、親メダカに食べられないように、卵の時に別の水槽に移して育てます。

② **産まれたメダカの卵を解剖顕微鏡やルーペ等を使って観察しましょう。**

　　卵の変化は水温の影響もありますが、3〜4日目くらいで眼がはっきりしてきます。4〜5日目くらいになると心臓が動き、血液の流れが見られます。8〜9日目くらいになると体全体を動かすようになってきます。解剖顕微鏡やルーペ、倍率を低くした顕微鏡等で、卵の中の様子を観察してみましょう。胎児が母親のお腹の中で元気に動いているのと似ています。

　　11〜12日目くらいで、卵の膜を破ってメダカの形で出てきます。産まれたばかりのメダカは、お腹がふくらみそこに養分を含んでいます。3日目くらいになるとそのお腹のふくらみがなくなり、自分で餌を捕るようになります。

③ **画用紙にお母さんのお腹を描いた図を用意し、その中に8〜9カ月頃の予想される胎児の絵を描いてみましょう。**

　　児童は自分が思っているいろいろな絵を描きます。胎児が上を向いている（逆子）絵、へその緒のない絵、羊水のない絵等が描かれています。代表的なものをいくつか選び、なぜそのように描いたかの説明を聞き、全員で話し合い、問題を明確にしてから授業を進めていくことが大切です。

　　児童が胎児の立場になって食事のこと、排出のこと、呼吸のこと等を考えることで問題意識を持って解決に取り組むでしょう。

（3）流れる水の働きと土地の変化

（ア）　流れる水には、土地を侵食したり、石や土などを運搬したり堆積させたりする働きがあること。

（イ）　川の上流と下流によって、川原の石の大きさや形に違いがあること。

（ウ）　雨の降り方によって、流れる水の速さや量は変わり、増水により土地の様子が大きく変化する場合があること。

――

　普段は何も変化がないように見える川も、大雨が降ると、濁流となって土砂や大きな石、時には橋や樹木、家までも流し、土地を大きく変化させることがあります。

　導入は、2つの方法を考えました。1つは、同じ場所で撮影した普段の川と大雨後の川の様子の写真を用意します。2枚の写真を提示することで、児童はこの写真を比較しながら、気付いたことや疑問に思ったこと等をノートに記録します。

　他の方法は、4年生の「雨水の行方と地面の様子」を想起し、実際に校庭の表面が雨で浸食され、小さな川のようになって流れている様子等を観察し、そこで生まれた疑問や問題を追究していく方法です。

　児童のノートから、①川がカーブする所は、なぜ内側に川原ができ、外側は崖ができるのか、②大雨の時は水が濁るのはなぜか、③流れる水の速さや量による浸食や運搬、堆積はどのように違ってくるのか等に関心があることが分かります。これらの疑問や気付きを基に話し合い、整理してから各問題を解決していくことになります。

　実験は校庭の一部に盛り土をした場所を造ったり、校庭に設置されている流水実験場や流水実験器を使用して調べます。川がカーブする場所の内側と外側の違い、水の濁りの原因。また、土地の勾配による流れる水の速さの違いや水の量による浸食、運搬、堆積の様子等、実験を通して理解していきます。

　自然は、もっと大きなスケールの中で変化が行われています。実際の川を観察し、学校で学習したことと比較しながら見ていくことが大切です。実際に観察すると新たな疑問や問題が生まれるでしょう。

　学校によっては、流水の働きを体験させるため校外学習にフィールドワークを位置付けたり、ビデオ等の映像を利用しているところもあります。また、保護者会等を利用し、里帰りや旅行等に行く機会があれば、実際の川の様子を観察してほしい旨を伝えることもよ

いでしょう。

こんな活動もしてみましょう

① **実際に水が流れている川の様子を観察してみましょう。**

　旅行等に出かける機会があったら、水が流れている川や川岸の様子を観察してみましょう。

　水の流れの速さ、石の大きさや形や色、川原の石の並び方、川がカーブする両端の景色の違い等を観察してみましょう。自然のスケールの大きさは、新たな疑問や問題を与えてくれるでしょう。

② **実際の川で流れる水の速さ（流速）を調べてみましょう。**

　川の深さがほぼ同じでまっすぐな場所では、水の流れる速さは川の端より中央の方が速いといわれています。

　同じ大きさの栓の付いた空のペットボトル2本を用意し、栓の下の部分を紐でくくり長さを同じにしてから川に流し、どちらが早く流れるかを調べてみましょう。また、10秒間で流れた距離をはかり、その距離を10で割れば1秒間に流れる速さが分かります。

　川の中は深みや滑りやすい危険な個所があります。時には上流で降った雨やダムの放流で多量の水が流れてくることがあります。安全には十分気を付けて行いましょう。

③ **雨が強い日、濁った水が校庭の表面を流れていることがあります。その濁り水の正体を調べてみましょう。**

　雨の日、校庭に小さな川や水溜りができることがあります。それらの水が濁っている時、その濁った水をビーカー等ですくい取り、透明なペットボトルに入れ、しばらく置くと砂や粘土が底に堆積し、水がきれいになります。

　次に、そのペットボトルを上下に振ると水が濁ることから、底にたまっていた堆積物が、水に混じって流れていたことが分かります。また、濁った水をろ紙でこすとろ紙を通過した水は濁りがなくなっています。ろ紙の表面には通過できなかった砂やごみ等が残っています。

単元と内容項目　5年

（4）天気の変化

（ア）　天気の変化は、雲の量や動きと関係があること。
（イ）　天気の変化は、映像などの気象情報を用いて予想できること。

ーーーーーーーーーーーーーーーーーーーーーーーーーーーーーーーーーーー

　4年生「**天気の様子**」を受け、ここでは天気の変化についての見方・考え方ができるようになることです。

　4、5月頃の学校は遠足をはじめいろいろな行事が行われます。その都度、当日の天気が気になり、空を見上げたり、天気予報を見聞きするようになります。

　「自分たちで明日の天気を予想することは、できないだろうか」ということから学習が始まることになります。

　天気の変化を判断する1つの方法に、狭い範囲でその場所での雲の動きを観察する方法があります。そこで天気と雲の関係を調べてみましょう。

　晴れた日の雲は1日中、雲量が増えたり減ったりしながら、その形を変えて動いていることが分かります。また、雲によっては、その位置が高いものや低いものもあり、風の関係で速く動く日もあれば、ゆっくり動く日もあります。屋上等の視界の広い場所で3〜5日、雲の動きを観察すると雲は、西から東の方向へ動く日が多いことに気付きます。このことから、天気の変化を予想するには、**「西の地方の天気を調べれば、その手がかりが得られるのではないか」**と考える児童がでてきます。

　そこでテレビ等の天気予報、新聞の天気図、インターネット等で西の地方の天気情報を集め、それらを基にまとめ、各自やグループごとに天気の予報をします。実際に予報が当たれば自信になり、さらに興味・関心が高まり、自ら次の予報を考えるようになります。反対に外れると、その原因を調べ、見直すことで、情報のまとめ方や分析等の科学的な見方・考え方が育ってくるでしょう。

　台風の進路についても、まず自分の考えをまとめてから、全員で話し合い、必要と思われる情報を収集し、その進路を考えます。

　赤道近くで発生した台風は、北に進んだり、西に進んだり、途中から大きく東に曲がったりいろいろな進路を取るのが不思議に思われるでしょう。その原因となる気圧や気団、海水温、地球の自転等については、詳しくは中学2年生で学習します。小学校では、台風がいろいろな動きをする中で、時には大きな被害をもたらすことを知り、その対策を考

えることが大切です。

　中学校で台風の学習をする際に、ここでの経験はより大きな力となって発揮されることでしょう。

こんな活動もしてみましょう

① **天気の言い習わしや天気に関する諺を調べてみましょう。**

　各地には、昔からの天気の言い習わしや天気に関する諺があります。

　例えば、「夏の雨は馬の背を分ける」「夕焼けは晴れ」「春に3日の晴れなし」「八十八夜の別れ霜」「雀が朝早くから囀る時は晴れ」「燕が低く飛ぶと雨が近い」等、地域によってさまざまです。本やインターネット等で調べ、その理由も考えてみましょう。

② **空にみられる比較的低い位置の綿雲（積雲）を観察してみましょう。**

　ぽっかり浮かんでいるいくつかの雲を注意して見ると、雲の上部は綿のようにふんわりしているのに比べ、下部はどの雲もほぼ同じくらいの高さで、横一線になっているように見えます。

　この高さが、地上等から上昇した水蒸気が冷やされ、水滴になって雲になる境界線辺りだと考えられます。

③ **台風時に今、自分が立っている場所で風向を調べることで、その台風の中心が通過している方向を知ることができます。**

　自分が住んでいる地域で風向きを調べることで、台風の方向（中心の位置）を知り、その後の台風の動きを予想することができます。

　北半球では台風の中心に吹き込む風は、反時計回りの左巻の渦を巻いています。台風が進むにつれて、その地点の風向きは変わっていきます。観察者が風を背にして立てば、左前方に台風の中心があることになります。ぜひ、挑戦し、台風の動きを追ってみましょう。安全には十分に気を付けて行うようにしましょう。

第6学年
［理科目標及び内容と単元の構想］

（1）物質・エネルギー

① 燃焼の仕組み、水溶液の性質、てこの規則性及び電気の性質や働きについての理解を図り、観察、実験などに関する基本的な技能を身に付けるようにする。

② 燃焼の仕組み、水溶液の性質、てこの規則性及び電気の性質や働きについて追究する中で、主にそれらの仕組みや性質、規則性及び働きについて、より妥当な考えをつくりだす力を養う。

③ 燃焼の仕組み、水溶液の性質、てこの規則性及び電気の性質や働きについて追究する中で、主体的に問題解決しようとする態度を養う。

（2）生命・地球

① 生物の体のつくりと働き、生物と環境との関わり、土地のつくりと変化、月の形の見え方と太陽との位置関係についての理解を図り、観察、実験などに関する基本的な技能を身に付けるようにする。

② 生物の体のつくりと働き、生物と環境との関わり、土地のつくりと変化、月の形の見え方と太陽との位置関係について追究する中で、主にそれらの働きや関わり、変化及び関係について、より妥当な考えをつくりだす力を養う。

③ 生物の体のつくりと働き、生物と環境との関わり、土地のつくりと変化、月の形の見え方と太陽との位置関係について追究する中で、生命を尊重する態度や主体的に問題解決しようとする態度を養う。

≪ 6年生で身に付けたい**観察・実験の技能** ≫

○酸素発生装置の作成と利用

・酸素ボンベ等が使用されるようになり、自分たちで酸素や二酸化炭素を作り、それを使って実験することが少なくなったが、自分で作れるようにしておきたいものである。三角フラスコに**二酸化マンガン**を入れ、その中に**過酸化水素水**（3〜5％に薄めたもの）を加えると**酸素が発生**する。酸素は水に溶けにくいので、水上置換法で集気びん（広口びん）に集める。燃焼実験を行う場合は、安全を確保するためにびんの底に水を少し残しておくとよい。

また、市販されているオキシドールは3％程度なのでそのまま利用できる。触媒として使用する二酸化マンガンは、**粉状と粒状**があるが、ゆっくり反応し、実験後の片付けを考えると粒状のものが扱いやすい。

・**二酸化炭素の発生**装置も基本的には同じ。使用する物は**石灰石**に**希塩酸**を加える。発生する二酸化炭素は、少し水に溶けるが、空気より重いので下方置換法で集める。

○実験で使用した廃液の処理の仕方

・実験等で使用した液は、酸性、アルカリ性に分けて、用意したポリ容器に入れ回収し、その後、**専門の業者に処理**してもらう。

○ガスバーナーの使い方

・最近は実験用ガスコンロが使われることが多くなったが、ガスバーナーを使えるようにしておきたい。使用の際は、部屋の換気に気を付ける。

・**火を点ける時**は、①ガスバーナーの空気とガスの調節ねじが閉じてあることを確認してから、元栓コックを開ける、②空気調節ねじは抑えたまま、ガス調節ねじを少し回し点火する、③ガス調節ねじは抑えたまま、空気調節ねじを少しずつ回して炎を調節する。

・**火を消す時**は、①空気調節ねじを閉じる、②ガス調節ねじを閉じる、③コックの元栓を閉める。

○気体検知管の使い方

・**二酸化炭素用検知管**は、0.03〜1.0％用の物を使用し、はかりきれない時は0.5〜8.0％用の物を使う。

・**酸素用検知管**は実験後、熱くなっているので冷めるのを待ってから扱う。

A　物質・エネルギー

単元と内容項目　6年

（1）燃焼の仕組み

（ア）　植物体が燃えるときには、空気中の酸素が使われて二酸化炭素ができること。

ーーーーーーーーーーーーーーーーーーーーーーーーーーーーーーーー

　大昔から火起こしは大変なことでした。私が子供の頃、七輪を使って火を起こす際は、新聞紙を丸めて下に入れその上に薪と炭を置き、マッチで新聞紙に火をつけ、下の口からうちわ等で空気を送り火起こしをしていました。下に口がない火鉢は、灰の上に火種の炭を置き、その上に新しい炭を足し、竹のふいご等で空気を送り火を増やしていました。

　冬の学校では煙突を付けたダルマストーブが使われ、薪と新聞紙等で火を起こし、その上に石炭やコークスを入れ、教室の暖をとりました。ストーブのふたの上にやかん等を置いて部屋の湿度を保つようにしていました。やがて石炭やコークスは石油に替わり、さらにガスや電気へと変化しました。石炭、コークス、石油等はいずれも動植物の化石燃料です。燃える際に酸素を必要とし、燃えれば二酸化炭素を排出します。

　最近の器具はスイッチひとつで点火します。本当に便利になりました。

　学校の理科実験と言えば、アルコールランプが定番ですが、そのアルコールランプに替わりガスコンロが使われ、点火するのもマッチに替わって、安全な形状のライターが使われることが多くなってきました。

　そんな中、火起こしから始める飯盒炊飯や薪や炭を使うキャンプファイヤー等は燃焼の仕組みを考える上で貴重な体験になります。時には新聞紙等で火をつけ薪を燃やしても、薪が思うように燃えないことがあります。いろいろと工夫し火が燃え始めた時の喜びは格別です。

　単元の導入で、ビンの中でろうそくが燃えているビンにふたをすると、炎がしだいに小さくなり消えます。**「なぜろうそくの炎は消えたのか」**ということから、ビンの中の空気の変化について追及していく授業が考えられます。児童の多くは「酸素が使われ、なくなった」「二酸化炭素が増えた」等と答えるでしょう。

　そこで、ろうそくが燃える前と、燃えた後のビンの中の空気の様子を粒子等のモデルを使って予想図を書き、それらを基に話し合い、いくつかの考えにまとめてから実験を行うことになります。

　火が消えたことで、ビンの中の酸素が完全になくなってしまったと考えている児童がいます。最近は気体検知管や窒素ボンベ等が容易に入手でき、実験もより幅広く行うことが

できるようになりました。児童の考えを大切にしながら、積極的に活用していきたいものです。

こんな活動もしてみましょう

① 空気中には約21％の酸素があります。ビンの中で燃えているろうそくのビンにふたをし、ろうそくの炎が消えた後のビンの中の酸素量を検知管を使って調べてみましょう。

　ビンの中でろうそくを燃やし、ビンにふたをするとやがてろうそくの炎は消えます。そこで、気体検知管を使ってビンの中の酸素量を測定すると、まだ10数％の酸素が残っています。

　ビンの中の酸素は全部使われたのではなく、酸素が残っている状態でろうそくの炎が消えたことが分かります。

② アルミホイルを使って、割り箸や竹の炭を作ってみましょう。

　割り箸や竹を適当な大きさに切り、アルミホイルで包み込み、片方に1つだけ小さな穴を開けます。それをアルミホイルごとガスコンロ等で熱し、穴から煙等が出なくなったら熱するのを止めます。

　アルミホイルが冷めたら、中の物を取り出すと、割り箸や竹の炭ができています。

③ ろうそくが燃え続ける秘密を調べてみましょう。

　少し大きめのろうそくに火をつけた後、炎を消すと白い煙が出ます。素早くその白い煙に、他のろうそくの炎を近づけると、パッと炎が立ち上がります。ろうの気体に火がつき、その火は白い煙を通って、ろうそくの心へと伝わるのが分かります。

　ろうそくが燃え続けるのは、炎の熱がろうの固体の部分を温め、ろうの一部が溶け、液溜にろう液が溜まります。ろう液は心を上りながらさらに炎の熱で温められ、気体になり炎として燃え続けているのです。

　心が燃えて短くなっていくと、ろうそくも短くなっていき常にろうを供給し続けていることが分かります。**固体**（ろう）→**液体**（ろう液）→**気体**（ろうの気体）と変化する様子が観察できる最適な素材です。

（2）水溶液の性質

（ア）　水溶液には、酸性、アルカリ性及び中性のものがあること。
（イ）　水溶液には、気体が溶けているものがあること。
（ウ）　水溶液には、金属を変化させるものがあること。

－その1－　【水溶液の見分け方】

　上記「単元と内容項目」の（ア）、（イ）を中心に述べます。

　5年生「物の溶け方」を受けて、6年生「水溶液の性質」を学びます。

　児童は日常生活の中で炭酸が溶けている飲み物は結構飲んでいますが、二酸化炭素という気体が溶けていることにはあまり意識していないようです。

　いろいろな導入が考えられますが、ここでは、炭酸水を含む食塩水、石灰水の他に、今後の授業の展開を考え、塩酸と水酸化ナトリウム水溶液を加えた5つの水溶液を用意します。5本の試験管にそれぞれの名前を書いた紙を貼り、その水溶液の性質を調べていきます。

　5つの水溶液の名前を知らせないで水溶液を調べていく方法も考えられますが、大部分の児童はまだこの時点で塩酸や水酸化ナトリウム水溶液について、よく知らないのが自然でしょう。ここでは、児童が**水溶液の性質の見分け方の基礎を体験**することを重視しました。

　まず、五感を通して水溶液の色や全体の様子、臭い等を調べます。

　次に、5年生の既習経験から蒸発乾固等を行い、その結果を比較しながら、水溶液の性質を調べていきます。ここで新たに**リトマス紙を使用**することで水溶液は酸性、アルカリ性、中性に分けられることを知ります。

　炭酸水、塩酸は蒸発させると何も残らないことから気体が溶けていることが分かります。そこで、気体が水に溶ける様子を調べるために、安全で身近な炭酸水を使って、水に気体が溶ける様子を詳しく調べます。

　炭酸飲料 500mL 用ペットボトルに水を3分の1程入れ、その中に二酸化炭素を入れふたをし、全体を強く振るとペットボトルが凹みます。中の二酸化炭素が水に溶け全体の体積が減って凹んだと予想し、石灰水を入れて振ると白濁することから、二酸化炭素が水に溶けたことが分かります。

　また、匂いの強い塩酸は塩化水素という気体が水に溶けている水溶液であることから、

水に濡らした青色リトマス紙を容器の口に近付けると赤色に変わることで、塩化水素（気体）が蒸発していることを理解します。

こんな活動もしてみましょう

①身近な物で水溶液の性質が調べられる液を作ってみましょう。

リトマス試験紙はリトマスゴケで作られています。リトマス試験紙を使わなくても水溶液の性質を調べる方法があります。

紫色のブドウの皮をビニル袋に入れ、よく搾った後、搾りかすを捨てその液を集めるとブドウ液ができます。

ムラサキキャベツでも作ってみましょう。ムラサキキャベツの葉を細かく切ってビニル袋に入れた後、食塩を入れよくもみ、その液を集めるとムラサキキャベツ液のできあがりです。

いずれも、BTB溶液のように色の変化で水溶液の性質を調べることができます。自作のブドウ液やムラサキキャベツ液とBTB溶液の色の変化の違いを比べてみるのも楽しいものです。

② 食塩水中の食塩は、蒸発しているか調べてみましょう。

食塩水を鍋に入れ、ガスコンロで熱し、出てくる湯気を集めて舐めても塩の味はしません。さらに湯気を集めた液を蒸発させても何も残りません。固体の食塩は蒸発していないことが分かります。

次に、試験管に入れた塩酸を温め、水で濡らした青色リトマス紙を試験管の口に近付けると赤色に変わります。水と一緒に溶けていた気体の塩化水素が空気中に出ていることが分かります。

③ 温泉の性質をリトマス紙等を使って調べてみましょう。

日本にはたくさんの温泉がありますが、温泉に含まれている成分は源泉によって違いがあります。

湯船に浸かった状態で、腕の部分を反対の手のひらで軽くこするとヌルヌルする感じの温泉は、泉質がアルカリ性で肌がきれいになるといわれています。また、肌全体がヒリヒリする感じの温泉は、泉質が酸性で、傷に効くといわれています。その他、炭酸や弱食塩を含む温泉もたくさんあります。中には、「飲用可」と表示されている温泉もあります。旅行等で温泉に行ったらぜひ、確かめてみましょう。飲んだ温泉の味はいかがですか。

（2）水溶液の性質

（ア）　水溶液には、酸性、アルカリ性及び中性のものがあること。
（イ）　水溶液には、気体が溶けているものがあること。
（ウ）　水溶液には、金属を変化させるものがあること。

─────────────────────────────────

─その2─　【水溶液と金属】

　上記「単元と内容項目」の**（ウ）**を中心に述べます。

　私が子供の頃は、今のような学校給食はなく弁当を持って登校していました。弁当箱はアルミ製の物が主流でした。特に父親の弁当箱はご飯がたくさん入るように深い作りになっていました。梅干が中央に入っている弁当を日の丸弁当といい、日の丸弁当が長く続いていると、弁当箱のふたの内側の梅干と接する箇所が変色し薄くなり、時にはその箇所に穴が開いてしまうこともありました。今では酸と金属の化学反応も加えて考えられますが、当時は長く使用していたので、摩耗して穴が開いたと考えていました。

　6年生**「水溶液の性質」**の学習を境に、児童の周囲を見る目が大きく変わってくるように思われます。

　この単元は、児童にとって化学の基礎を身に付ける大切な単元といえるでしょう。5年生**「物の溶け方」**は、水に溶かした水溶液を蒸発させると溶かす前と**同じ物質**を取り出すことができました。しかし、6年生「水溶液の性質」では塩酸や水酸化ナトリウム水溶液で溶けた金属は、元の物とは違った**新しい物質に変化**することを経験します。まさに化学です。また、変化が起きている時に、水素が発生したり、発熱したりしていることも体験します。

　塩酸や水酸化ナトリウム水溶液は金属を溶かす程の強い水溶液です。児童の中には2つの水溶液を同時に入れれば、もっと激しく反応し、アルミニウム片や鉄片を溶かすのではと考える児童もいるでしょう。

　そこで塩酸が入っている試験管にアルミニウム片を入れ、泡が出て反応している中に、水酸化ナトリウム水溶液を少しずつ加えていくと、出ている泡は少なくなりやがて止まります。塩酸と水酸化ナトリウム水溶液が中和反応を起こし、食塩（塩化ナトリウム）ができたことへの驚きは、理科の楽しさ、不思議さを実感するでしょう。両方の水溶液に溶けたアルミニウム片、どちらにも反応しなかった銅片等、改めて水溶液への興味・関心が強

くなるでしょう。

こんな活動もしてみましょう

① **アルミニウム片が塩酸に溶けている様子を詳しく調べてみましょう。**

　試験管に 3mol/L の塩酸を 5 分の 1 ほど入れ、その中にアルミニウム片を入れると泡を出して溶け始めます。試験管を手で触ると熱くなっています。出ている気体を調べるため、試験管の口を親指で押さえ、内側から親指が押されるようになったら親指を外し、火を近づけると「ピュン」という音を出して燃え、試験管の口に水滴が付きます。気体は水素であることが分かります。

② **水素が空気より軽いことを確かめてみましょう。**

　試験管、ゴム（コルク）栓、ガラス管、ゴム管等で、図のような装置を作り別枠でシャーレーに石けん水（中性洗剤）を入れれば準備は完了です。

　試験官の中に 3mol/L の塩酸を 4 分の 1 ほど入れ、その中にアルミニウム片を入れ、水素が発生したらガラス管の先を石けん水につけてシャボン玉を作ります。できたシャボン玉を空中で軽く振り落とすとシャボン玉は上へと飛んで、空気より軽いことが分かります。また、そのシャボン玉に火を近付けると「ポン」と音を出して燃えます。この時、**ガラス管の口に直接火を近付けると火が試験管の中に吸引され、爆発し危険**です。注意して行いましょう。

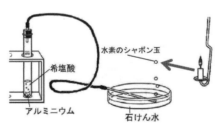

③ **塩酸と水酸化ナトリウム水溶液で塩化ナトリウムを作ってみましょう。**

　うすい塩酸の中に、うすい水酸化ナトリウム水溶液を少しずつ加えていきます。液全体が中性になったら、その液を蒸発させ、残った物質を顕微鏡で見ると、立方体の形をした食塩（塩化ナトリウム）の結晶を観察することができます。

　液全体が弱酸性の場合は、塩化ナトリウムが残りますが、液全体が弱アルカリ性の場合は、塩化ナトリウムの他に水酸化ナトリウムの固体が混じります。**舐めない**ようにしましょう。

(3) てこの規則性

（ア） 力を加える位置や力の大きさを変えると、てこを傾ける働きが変わり、てこがつり合うときにはそれらの間に規則性があること。

（イ） 身の回りには、てこの規則性を利用した道具があること。

———————————————————————————

　教員になって1年目の職員作業で、校庭の隅に放置されていた大木の幹を、別の場所へ移動させることになりました。2人でそれをリヤカーにのせようとしましたが、重くて持ち上げられずに困っていました。そこに40代の教員が来て、大木の片方を持ち上げ、その場に立てました。そして、地面と大木が接する箇所にリヤカーの後部を当て、立てた大木の先端部を手で押すようにして荷台にのせました。その一連のスムーズさに、2人は唖然としました。

　その教員はまさにてこの規則性を利用したのです。改めて理科と実社会との結び付きの大切さを痛感させられました。

　導入は**長い棒を使って重い物を動かす体験**をすることを考えました。

　例えば、長い棒と枕木を使って重い物を持ち上げたり、動かしたりする活動をしながら棒を使うと重いものが楽に動かせることを体験します。

　次に、枕木を高く（支点）し、その上に長い棒をのせ、棒を水平に釣り合わせてから、片方の先端近くに重い物を下げ（作用点）ます。そして、反対側の箇所（力点）を手で押して重い物を持ち上げます。その際、手で押す場所（力点）が変わると、手に加わる力の大きさが違ってくることに疑問を持ち、「なぜ重い物が小さな力で動くのか」「なぜ押す場所によって力に違いができるのか」等の問題が生まれ、その解決に取り組みます。てこ実験器を使って調べることになりますが、変える条件と変えない条件をきちんと整理して実験を行います。

　シーソーは、大人と子供が支点からの距離が違う位置に座ることで、シーソーを水平に釣り合わせることができます。重さの異なる人がシーソーでつり合う理由をてこ実験器を使って明らかにしていきます。

　てこの規則性を利用した物は身の回りにたくさんあります。しかし、残念ながら学校で学習したことが、実生活では意識されていないことが多いようです。

　小学校では、輪軸や滑車は詳しく扱いませんが、ドアのノブ（取っ手）や、車のハンド

ル、ねじ回し等、てこの規則性を利用した物がたくさんあります。これらの一部を取り上げることで、児童の周囲を見る目はより広がってくることでしょう。

こんな活動もしてみましょう

① てこのはたらきを利用した物を探し、支点、力点、作用点がどこにあるか調べてみましょう。

　私たちの身の回りには、はさみや栓抜き等、てこのはたらきを利用した物がたくさんあります。

　はさみのように支点が中にある物だけでなく、切断機のように支点が端にある物もあります。また、てこのはたらきを組み合わせた物もあります。実物を見たり触ったりしながら支点、力点、作用点の位置を調べてみましょう。

② 不均一の板を使って、重さの関係を調べてみましょう。

　図のように、不均一の板の上の部分が床と水平になるよう吊り下げます。

　次に、吊り下げたひもから左右、等距離の位置に同じ重さのおもりを下げると板の傾きはどうなるでしょうか。予想を立ててからやってみましょう。

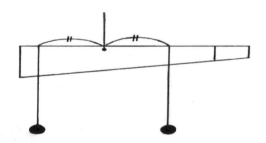

　今度は、不均一な板の重心を見つけ、そこに穴を開け板を吊り下げます。そして、吊り下げたひもと垂直に交わるように、重心から左右等距離の位置に同じ重さのおもりを下げると、板の傾きはどうなるでしょうか。

③ てこの規則性は、色々な器具に利用されています。

　輪軸を利用したドアのノブ（取っ手）や車のハンドルは、てこの規則性を利用した物です。支店、力点、作用点を使って考えてみましょう。

　また、重い物を持ち上げる時に使われる動滑車も、てこの規則性を利用した物です。しかし、力で得した分、長い距離を引くことになります。定滑車と動滑車を組み合わせた物で考えてみましょう。

（4）電気の利用

（ア）　電気は、つくりだしたり蓄えたりすることができること。

（イ）　電気は、光、音、熱、運動などに変換することができること。

（ウ）　身の回りには、電気の性質や働きを利用した道具があること。

――――――――――――――――――――――――――――――――――――

　電気をつくりだす方法はいろいろ考えられますが、つくりだした電気を蓄えたり生活に利用するとなるとその方法は限られてきます。

　水力発電は流れる水の力で、火力発電や原子力発電は水を熱した水蒸気の力で発電機を回し、電気をつくっています。風力発電や地熱発電等も、動力は違っていてもその仕組みは同じです。

　自転車のヘッドライトはペダルを回すことで、発電機が回り電気が起こり点灯します。手回し発電機も仕組みは同じです。手回し発電機は操作が簡単で、大きさも手ごろなので電気の性質や働きを調べるのに適しています。

　豆電球に多くの種類があるように、手回し発電機やコンデンサーも同じです。どんな実験をするかで選択肢が違ってきます。予備実験を行い適切な物を選んでから授業に臨むとよいでしょう。

　最近、LED（発光ダイオード）がいろいろな所で使われるようになりました。**なぜ、LED は人気があるのか**を話し合い、整理してから検証していくとよいでしょう。その際、児童の疑問や問題は積極的に取り上げたいものです。それらが解決できた時、LED が利用されていることに納得するでしょう。

　例えば、蓄電したコンデンサーを使って豆電球と LED の点灯時間を比べたり、点灯している豆電球と LED に触ると暖かさの違いから豆電球の一部は熱エネルギーとして失われていることに気付きます。また、両方の回路に電流計を入れ電流を調べるとその違いに驚くでしょう。最近は白熱灯と同じ型をした LED 電球が市販され、実験の条件制御がしやすくなりました。

　電気と音の関係については、手回し発電機でコンデンサーに蓄えた電気を使って、電子オルゴールが鳴ることで理解するでしょう。

　光電池は計算器や太陽光発電として使われています。宇宙開発で利用されている様子が、新聞やテレビ等で取り上げられています。乾電池と光電池の違いを理解し、どんなところ

に使用されているか調べてみましょう。

　これらが理解できた時、児童にとって電気に対する考えがより深まり興味をもち、より身近に感じられるようになるでしょう。「単元と内容項目」の**（ウ）**については、**今後さらに技術革新が行われ、発展し続ける**ことが考えられます。

こんな活動もしてみましょう。

①　豆電球の点灯の様子を、手回し発電機を使って観察してみましょう。

　手回し発電機に豆電球をつなぎ、手回し発電機を回し豆電球が点灯するのを確かめます。

　次に、手回し発電機を速く回したり、ゆっくり回したりして、豆電球の明るさの違いを観察してみましょう。また、回路の途中に電流計を入れると電気の流れを調べることができます。手回し発電機を速く回すと電気の流れが多くなるのが分かります。

　同様に、手回し発電機に替えて光電池を使って、日光が強く当たる時と当たらない時の違いを調べてみましょう。

②　豆電球と発光ダイオードの点灯時間と電流の違いを、コンデンサー（蓄電器）を使って比べてみましょう。

　まず、手回し発電機にコンデンサーをつなぎ、一定の速さで80回ハンドルを回してコンデンサーに電気を溜めます。

　次に、そのコンデンサーに豆電球、電流計をつなぎ回路を作り、豆電球を点灯させ点灯時間をはかります。豆電球の明かりが消えたら、発光ダイオード（LED）に替え、同様にしてから発光ダイオードの点灯時間をはかります。

　コンデンサーに溜めた電気量は同じですが、発光ダイオードでは10分間経っても消えません。点灯する時間の違いに驚きます。回路に電流計を入れたことで、豆電球と発光ダイオードに流れる電気の大きさの違いがよく分かります。

③　家庭内の電気配線は並列配線になっていることを考えてみましょう。

　家の電気は、外の電線から2本の線で家の中に引き込まれ、ブレーカーと安全器を通ってから家全体に配線されています。

　家庭で使われている電気製品等について調べてみましょう。また、家庭内の電灯や電気器具の配線は並列つなぎになっている理由を考えてみましょう。

B　生命・地球

(1) 人の体のつくりと働き

（ア）　体内に酸素が取り入れられ、体外に二酸化炭素などが出されていること。

（イ）　食べ物は、口、胃、腸などを通る間に消化、吸収され、吸収されなかった物は排出
　　　されること。

（ウ）　血液は、心臓の働きで体内を巡り、養分、酸素及び二酸化炭素などを運んでいるこ
　　　と。

（エ）　体内には、生命活動を維持するための様々な臓器があること。

ーーーーーーーーーーーーーーーーーーーーーーーーーーーーーーーーーーーーーー

　児童が興味・関心を持って意欲的に学習に取り組むには、呼吸器系、消化器系、循環器
系をどの順番で進めていくかが重要になります。人が生きていくには何が必要かを考えた
時、呼吸することと食べることが浮かんでくるでしょう。

　最初に呼吸から入り、吐く息と吸う息の違いから肺の働きを調べ、循環器系、消化器系
と進むパターンが考えられますが、ここでは児童か最も興味を持つ食べることから考えて
みました。

　口から取り入れた食物は、肛門から便となって違った形で排出されます。このことから
消化管の中で、いろいろなことが起こっていると考えられます。

　そこで、児童は食物が体の中を通る際に各箇所でどんなことが起こっているのか、自分
の考えをノートにまとめます。

　口では、よく噛むことで出てくるだ液（消化酵素）の働きを調べます。

　口から胃までは、げっぷ等から、ある程度の食物の変化を予想できます。その先の小腸、
大腸については排出された便から推論することになります。特に、身長の数倍の長さがあ
る小腸の働きを考え予想することが大切です。その後、資料等で各器官の働きを調べ、自
分の予想と比べます。

　次に、肺で行われている**呼吸**について、吸う息と吐く息の違いを調べます。

　「食べる理由」「呼吸する理由」が分かったところで、それらがどのようにして全身に送
られ生命を維持しているのか推論します。小腸で血液中に取り入れられた養分や肺で取り
入れられた酸素は、心臓の働きで全身に送られていることを予想し、心臓の働きを調べま
す。

　血液中の養分や酸素は心臓の働きで全身に運ばれ、一部を肝臓に蓄え、血液中の不要に

なった二酸化炭素等は肺や腎臓から体外に排出しています。呼吸器系、消化器系そして、循環器系等が上手く結び付いて機能していることが分かります。

　この単元が終了した時、児童の口から、**「人の体ってうまくできているなあ」**という言葉が出ることを期待します。

こんな活動もしてみましょう

①　だ液の中の酵素の働きを調べてみましょう。

　口の中で、ご飯やパンをよく噛んでいると甘くなります。実際にやって確かめてみましょう。これはでんぷんがだ液の中に含まれている酵素（アミラーゼ）の働きで分解され他の物（糖）に変わったからです。

　実際に甘くなるまでよく噛んだご飯を試験管A、Bに入れ、Aにはだ液をBには水を加え、38℃前後のお湯が入ったビーカーの中に試験管A、Bを入れます。しばらくしてから、両方にヨウ素液を入れ変化の違いを比べてみましょう。また試験管の替わりに、扱いやすいジッパー付きの小さな透明な袋を利用するのもよいでしょう。

②　吸う息と吐く息の違いを調べてみましょう。

　吸う息と吐く息をそれぞれビニル袋に集め、石灰水を入れて振ると、吸う息はほとんど変化がありませんが、吐く息は白く濁ります。吐く息にはより多くの二酸化炭素が含まれていることが分かります。

　ところで吐く息には酸素が含まれていないのでしょうか。そこで気体検知管等を使って、吸う息と吐く息の酸素と二酸化炭素の量を調べます。吐く息はすべて二酸化炭素ではなく、酸素も含まれていることが分かります。

③　魚を解剖して、人体解剖図や人体模型等と比べてみましょう。

　生きているフナやコイを解剖し、心臓の動きや臓器の色等を観察してみましょう。生きている魚の入手が困難な場合は、魚屋やスーパー等でサンマやアジ等を購入し、解剖することも可能です。

　特に、生きているフナやコイ等を解剖に使う場合は、児童にはその理由をよく説明してから行うようにしましょう。

（2）植物の養分と水の通り道

（ア）　植物の葉に日光が当たるとでんぷんができること。

（イ）　根、茎及び葉には、水の通り道があり、根から吸い上げられた水は主に葉から蒸散により排出されること。

－その1－　【 植物の養分 】

　上記「単元と内容項目」の（ア）を中心に述べます。

　小学校の植物教材は、3年生「**身の回りの生物**」、4年生「**季節と生物**」、5年生「**植物の発芽、成長、結実**」、そして、6年生「**植物の養分と水の通り道**」「**生物と環境**」を学習します。

　道端や野原に自生している植物は、畑で栽培する野菜のように特別に肥料を与えないのに成長しています。このことは当たり前で疑問視されることなく、多くの人が見過ごしているところでもあります。

　植物は動物のように食べ物を求めて、移動することができません。そんな植物は、養分をどのようにして体内に取り入れ、成長するのか興味があります。

　5年生で学んだインゲンマメやトウモロコシは種子の中に含まれているデンプンが、発芽や成長初期に使われていたことから、成長にもデンプン等の養分が必要なことが予想できます。そこで、植物のどこでデンプンが作られているのかという疑問から学習が進められることになるでしょう。

　これまでに植物は日光が当たるとよく育つことを学んでいますが、その理由については学習していません。

　「**なぜ植物は日光が当たるとよく育つのだろうか**」という疑問から、日光とデンプンの関係を調べることになります。植物が日光を最も多く受けている部分は葉です。そこで、葉に日光が当たるとでんぷんが作られるか調べます。実験に使用する植物は、既習経験等からジャガイモ、インゲンマメ、アサガオ等がよいでしょう。

　実験方法はいろいろ考えられます。例えば、1枚の葉を選び、夕方にアルミニウム箔で葉の一部を覆い、翌日の午後にその葉を採取し、エタノールの中に入れ、葉緑素を除いてから、ヨウ素反応を見る方法。他の方法は日光がよく当たった葉を1枚取り、湯の中で

柔らかくした後、ろ紙の間にその葉を挟み木槌で叩いてから葉を取り除き、ろ紙だけをヨウ素液につける方法等が考えられます。実験に危険がなければ、できるだけ児童の考えた方法で行ってみましょう。

こんな活動もしてみましょう

① 日陰で育つシダ植物でもデンプンを作っているか調べてみましょう。

　林や森の中で育つ植物は、日陰でも成長しています。

　日陰で育つシダの仲間も葉でデンプンを作っています。実際にシダの仲間を採取し、デンプンができていることを確かめてみましょう。

② アサガオの斑入りのある葉を使って、斑入りの部分にデンプンが作られているか調べてみましょう。

　アサガオを観察していると、同じ葉の中に緑の部分と白い部分がある葉があります。この葉の白い部分では、デンプンが作られているのでしょうか。

　実験に使うアサガオの斑入りのある葉をよく日光に当てた後、その葉を採取し、エタノールの中に入れ葉緑素を除いてから、葉を広げ、うすいヨウ素液の中に入れその反応を調べてみましょう。

③ 同じ株でできた、ジャガイモの葉のデンプンと地中でできたイモのデンプンを比べてみましょう。

　栽培したジャガイモの一株を選び、その株から15〜20枚くらいの葉を採取し、ミキサーに入れ水を加え撹拌した後、ろ紙でこした液を1日置きます。翌日、上澄み液を捨て残った白い物を乾かします。

　次に、同じ株でできたイモを1個取り出し、おろし金ですり下ろします。そして、両方にヨウ素液を垂らすと、どちらも青紫色に変わりデンプンが含まれていることが分かります。さらに両方のデンプンを顕微鏡で観察して比べてみましょう。

（2）植物の養分と水の通り道

（ア）　植物の葉に日光が当たるとでんぷんができること。

（イ）　根、茎及び葉には、水の通り道があり、根から吸い上げられた水は主に葉から蒸散により排出されること。

━━

－その2－　【 水の通り道 】

　上記「単元と内容項目」の（イ）を中心に述べます。

　小学校6年生までにはほとんどの児童が、植物は水がなくなるとしおれたり、時には枯れたりしたことを経験から知っています。また、水をやると根から水を吸い上げ、全体に行き渡らせ、元のように元気になったことも何度か経験しているでしょう。

　しかし、「根から吸い上げられた水は、**どこを通って**全体に行き渡っているか」と言われると、答えに窮するのが現状です。さらに葉の先端まで行った水はどうなるのか、そこに蓄えられているのか、それともUターンして元に戻って行くのか等、疑問は広がっていきます。

　これらの問題を解決するため、根から吸い上げられた水がどこを通って全体に行き渡っているか調べることになります。

　実験に使う植物はホウセンカ、ヒメジョオン、ハルジオン等が考えられます。そこで、水の行方が分かるように赤インクや植物染色液等で着色します。ホウセンカは赤花種より、白花種を使うと赤い水の行方がよく分かります。

　インクを使う場合は濃度が高すぎると植物がすぐに枯れてしまいます。水とインクの割合や植物が吸い上げる時間等は、予備実験を行い適した濃度や時間を確認しておくことが大切です。最近はいろいろな植物染色液が出ているので、それらを確かめてから使用するとよいでしょう。

　人間の血管が体全体に行き渡っているように、植物も決まった管や葉脈を通り全体に行き渡っていることを、実験を通して理解します。

　葉までいった水は晴れた日、ビニル袋で枝ごと数枚の葉を包み数時間後に観察すると袋の内側に水滴が付きます。水が水蒸気になって出ているとすれば、**「葉に水が出ていく孔があるはずだ」**ということで、葉の表面を薄く剥がし顕微鏡で調べます。口のような孔（気

孔）を開いているものや閉じたものが見られることから、そこから水や気体の出入りが行われているのを理解します。児童は動物と同様に植物の体の仕組みの巧みさに感心することでしょう。

こんな活動もしてみましょう

① 広葉樹の枝先の数枚の葉をビニル袋で包み、葉から水が蒸発しているか調べてみましょう。

晴れた日、枝先の数枚の葉ごとビニル袋で包み、その口元をひもで縛ります。数時間後、ビニル袋の内側に水滴が付着しているかを確かめてみましょう。

また、良く晴れた日の早朝、植物の葉の鋸歯の先端に水滴が付いているのを見かけることがあります。その部分を注意して観察するとそこまで葉脈が来ているのが分かります。

塩化コバルト紙を植物の葉の両面にセロハンテープで貼り付け、どちらが先に変色するかで、両面の蒸発の違いを調べることができます。

※ 塩化コバルト紙の作り方は、水 40 mL に塩化コバルト 10g をよく溶かします。次に、ろ紙を適当な大きさの短冊状に切り、その液の中に浸します。ろ紙がピンク色に染まったら取り出し、青色になるまでよく乾かしてから使用します。

② 針葉樹の葉にも気孔があるか調べてみましょう。

晴れた日に針葉樹の枝先をビニル袋で包み、その口元をひもで縛り数時間後、ビニル袋の内側に水滴が見られるか調べてみましょう。また、ヒマラヤスギ等の針葉樹の細い葉でも葉に気孔があるか顕微鏡を使って調べてみましょう。

③ スイレンやハス等、水面に浮いている葉の両面の気孔の数を比べてみましょう。

ツバキやツユクサ等の葉の気孔は、葉の表面より裏面の方が多くあります。水生植物のスイレンやハスの葉の気孔は、葉の裏面より表面の方が多いといわれています。実際に顕微鏡で調べてみましょう。

(3) 生物と環境

（ア）　生物は、水及び空気を通して周囲の環境と関わって生きていること。
（イ）　生物の間には、食う食われるという関係があること。
（ウ）　人は、環境と関わり、工夫して生活していること。

━━━━━━━━━━━━━━━━━━━━━━━━━━━━━━━

　私が子供の頃は、人が地球の外から地球を見ることは、空想の時代でしたが、現在はそれが可能になりました。今も地上からおよそ400kmに浮かぶ国際宇宙ステーションから、地球を見ている人がいます。科学技術の進歩は、地球の外から、地球を見ることができるようになったのです。飛行機等の乗り物や通信等の進歩で相対的に、地球が狭く、そして小さく感じられるようになりました。

　今日では世界のある場所で起こったことが、ただちに世界中に伝わります。日本からヨーロッパの国々に行くにも、ジェット飛行機が利用され船で行っていた時代と比べ、はるかに速くなりました。

　私たちはその地球の中で生活しています。地球という限られた環境の中で、すべての動物や植物が生活しているのです。無限の大きさと考えられていた時代と同じ大きさの地球ですが、現実はずいぶん違ってきました。

　汚された水や空気は、それが元に戻るには多くの時間がかかります。しかし、地球環境の多くを壊したり汚したりしているのは人です。人は原点に戻ってこの美しい限りある地球の財産を大切にしながら、生活することを考えなければなりません。

　すべての生物は、周囲の環境と関わって生きています。きれいな水、きれいな空気を原点に、より広い視野でこの学習を考えていきたいものです。

　導入は、**「魚は、水中の小さな生物を食べ物にして生きている」**を軸にし、他の生物同士の「食う」「食われる」の食物連鎖の関係を調べていくことで環境を考えてみました。

　「生物は、水及び空気を通して周囲の環境と関わって生きている」を、身近な自然から水や空気の汚染を考え、さらに地球規模での環境汚染へと広げ、それらの課題への取り組みを考えていきます。

　人が生きていくには水や空気は不可欠です。地球で共存している他の生物も全く同じです。生物のリーダーシップをとっている人が、地球の豊かな自然を守り、後世に伝えていくことは人としての義務です。そのために何をしなければいけないのか、1人ひとりが真

剣に考え、できることから実践していくことが望まれます。6年生にふさわしい単元といえるでしょう。

こんな活動もしてみましょう

① 川や沼等にいるメダカやコイは餌をあげないのに生きているのは、なぜでしょうか。その理由を考え調べてみましょう。

川や沼等にいるメダカやコイは餌をあげないのに生きているのは、「水の中の微生物等を食べている」という仮説で、餌となる生物を調べます。

川や池で採取した藻や苔を顕微鏡（倍率75〜300倍）で見ると、多くの微生物が藻の中や周りを行き来しているのが観察できます。教科書や図鑑等を参考に名前を調べると、いろいろな生物がいることが分かります。微生物は藻や苔を食べて生きています。メダカやコイ等はそれらの微生物を餌として藻や苔等といっしょに食べています。

② 水の浄化をシジミやアサリで調べてみましょう。

水槽に砂を入れ汚れた水（アサリを使用する場合は海水または塩水）を2つ用意し、一方にはシジミ（またはアサリ）を入れ、他方には何も入れずにそのままにします。汚れた水は浄化されていくか観察しましょう。

シジミを入れた水はやがて浄化されていきますが、生き物が汚れた水を浄化するのには多くの時間がかかることが分かります。汚すことは簡単ですが、元に戻すことは大変です。環境と関係付けて考えてみましょう。

③ 機会があれば、ホタルやサワガニ等を観察してみましょう。

子供の頃、夜空に飛び交うホタルを観察したことがある人は、大人になってもその時の様子を記憶しているものです。

ところで同じ場所で、ホタルが見られなくなったとしたら、寂しさと同時に、なぜという疑問がわいてくるでしょう。

ホタルを観察した頃の様子と今の周辺の様子等の何が変わったのか考えてみましょう。これらは体験がないと比較することができません。改めて、体験の大切さを知らされます。きれいな川に生息するサワガニについても同じことがいえます。

（4）土地のつくりと変化

（ア）　土地は、礫、砂、泥、火山灰などからできており、層をつくって広がっているものがあること。また、層には化石が含まれているものがあること。

（イ）　地層は、流れる水の働きや火山の噴火によってできること。

（ウ）　土地は、火山の噴火や地震によって変化すること。

今でも桜島や浅間山等は噴煙を上げ続けています。地球は休むことなく活動を続けています。地球は生きているのです。

ところで、私たちが住んでいる地面の下はどうなっているのでしょうか。今、自分がいる地下100mくらいまでの様子を想像して、その図を描いてみましょう。児童が描いた予想図はどれ1つ同じものはないでしょう。

これらの地下の様子を確かめるにはどうしたらよいか話し合います。

学校の多くは、近くに観察に適した露頭（崖）がないのが現状です。

そこで、遠足や修学旅行等の校外学習の中に、露頭の観察を位置付けることも考えられます。また、教材として活用できそうな露頭の写真等を収集し、教科書の資料等といっしょに活用するのもよいでしょう。

他の方法として校舎を建てる際に地質調査をしたボーリングコア（地質柱状図）を利用することが考えられます。児童にとっては自分が通っている学校の地下の様子を知る最適な資料になります。いずれの方法も指導者の授業への前向きな姿勢が、児童の土地への興味・関心を高めることになります。

地層を解明していくには、4年生「雨水の行方と地面の様子」、5年生「流水の働き」が重要になります。

地層に含まれている円礫、堆積の様子、粒の大小の違い、表面のしま模様、化石等は、地層のでき方を推論する上で大きな鍵になります。

土地を造ったり、変化させたりするのは、大雨や台風の時の洪水だけではありません。火山や地震、そして、人の力もあります。

火山活動は、温泉等の恵みをもたらしますが、時には大噴火による被害を与え、地形まで変えてしまいます。地震も被害を与え、地形を変えてしまうことがあります。また、地震で起こる津波はさらに被害を大きくします。

このように日本は火山国であり、地震国でもあります。私たちは、これらの学習を通して、いかに被害を小さくできるか1人ひとりが考えるいい機会にしてほしいものです。

こんな活動もしてみましょう

① 露頭（崖）を観察しながら、露頭全体をノートにスケッチしましょう。

　フィールドワークの際は、虫刺されやけが等を防ぐために、帽子、長袖、長ズボン、運動靴等で装備します。

　まず、露頭の前に立って露頭全体をスケッチします。その際、各層に番号や記号をつけておくと、整理したり話し合う時に活用でき便利です。また、スケッチしながら分かったことや疑問に思ったことはノートに記録します。

　次に、露頭に近づき、露頭の表面や含まれている物を詳しく観察します。特に、問題解決に必要になると思われる資料は採取して持ち帰り、より詳しく調べることになります。

② アサリやハマグリ等の貝殻が地層の中で、どのように堆積しているか調べてみましょう。

　水槽に水を入れ、アサリやハマグリ等の貝殻を内側を上にして入れます。

　次に、水槽を左右に揺らします。軽い揺れではあまり変化はありませんが、強く揺らすと、貝殻はひっくり返り、内側を下にし安定した状態で水の揺れを受けるようになります。このことは実際の地層を観察する際、二枚貝の内側が上下どちらを向いているかで、堆積時の海底の様子等を推論することができます。

③ 地震時の液状化現象を実験で確かめてみましょう。

　水槽に砂を半分入れた物A、Bの2つを用意します。水槽Aには、砂の中にピンポン球（または発泡スチロールを適当な大きさに切った物）を埋めます。そして、砂の表面には鉄球（または長径数cmの小石）を置き、水槽を強く揺らすと鉄球は砂の中に沈み、ピンポン球が表面に出てきます。鉄球、砂、ピンポン球の密度の違いによる現象が見られます。

　次に、水槽Bを使って、砂の半分くらいまで水を入れます。水槽を強く揺らすと、砂の中の水が表面に出てくるのが観察できます。これが液状化現象と考えられます。

（5）月と太陽

（ア）　月の輝いている側に太陽があること。また、月の形の見え方は、太陽と月との位置
　　　関係によって変わること。

- -

　3年生で**太陽は東から出て南の空を通り、西に沈むこと**。4年生「**月と星**」で、**月は日によって形が変わって見え、1日のうちでも時刻によって位置が変わる**こと。また、**月や南の空の星は、太陽と同じように東から出て、南の空を通り、西に沈む**ことを学習しています。ここでは、4年生「**月と星**」の内容項目（ア）をさらに膨らませ、月の形の変化を太陽と月の位置関係で調べていきます。

　地球から見る太陽と月の大きさは、ほぼ同じ大きさに見えます。月の直径は約3500kmで、太陽の直径の約400分の1です。地球から太陽までの距離は、月までの距離の約400倍なので、月と太陽がほぼ同じ大きさに見えます。

　太陽はいつも同じ形をしているのに、月は日によってその形が変わることから、「なぜこのようなことが起こるのか」を明らかにしていきます。

　太陽は自ら光を放ち、その表面温度は約6000℃あるといわれ、月はその太陽の光を受け、反射して光っています。そこで、月が光って見える部分と太陽が照らす位置関係が問題になり、太陽の位置と月の光っている部分の形の変化を観察していくことになります。

　太陽が西の空に沈む時を固定し太陽と月の位置関係をスケッチし、月が光って見える部分の形を観察していきます。西の空に見られる三日月、さらに南の空の半月（上弦の月）、東の空の満月と観察を続け、太陽の位置と月が光っている部分との関係を明らかにしていきます。

　ところが満月を過ぎると太陽が西の空に沈む位置に来ても、月は東の空から昇ってきません。月の出は1日ごとに約48分遅れていきます。満月後の月齢16、17以降の月が東の空から昇る頃は、太陽はすでに西の空に沈み地平線下にあります。月は今までと反対側が光り、満月までとは違った現象が見られます。

　太陽を西の空に固定したまま、満月後の月の出を遅らせていくと地平線下での月の動きと形はどうなっているのか考えてみましょう。

　そこで**光源を太陽、ボールを月、人を地球**に見立て太陽を固定したまま、地球の周りを月が公転するのを再現し、その形を観察してみましょう。月と太陽が地平線下でどのよう

な位置関係になっていくのか、その動きを想像しながら見ていくと学習がより楽しくなるでしょう。

こんな活動もしてみましょう

① 月と太陽の位置関係を観察し、スケッチしていきましょう。

「菜の花や月は東に日は西に」、この有名な俳句は与謝蕪村が詠んだものです。ある春の夕方、太陽が西の空に沈もうとしている時、東の空から月（満月頃）が昇ろうとする様子を詠んだものです。

次の句は松尾芭蕉が詠んだものです。「朝明けや二十三夜も三日の月」。月齢23頃の夜明け前の月は、三日月とは光る向きは逆ですが立派な三日月の形をしています。観察の鋭い素晴らしい句だと思います。

月は満月までは右側が光って見えますが、満月を過ぎると右側から欠け始め、左側が光って見えるようになります。見かけ上は、満月までは太陽から1日に約12°遠ざかりますが、その後は太陽に近づくようになります。

満月後、さらに半月（下弦の月）、月齢22頃の月と観察を続けると、やがて月は新月になり観察できなくなります。数日後、太陽が西の空に沈む頃、西の空で三日月を観察した時は感動することでしょう。

② 双眼鏡や望遠鏡で月の表面を観察してみましょう。

月を月面図を見ながら、双眼鏡や望遠鏡で観察してみましょう。

月の山脈や海、クレーター等はいろいろな名前が付いています。特に、クレーターにはコペルニクス、ケプラー、アルキメデス等の有名な科学者の名前が付けられているのが分かります。

③ 月食時には、太陽と地球、月の位置関係、さらに地球と月の動きを考えながら観察しましょう。

月食が見られる時、太陽と地球、月の位置、そして地球と月の動きを考えながら観察しましょう。

月食は地球から見て月が太陽と反対側に来た時に起こります。この時、太陽、地球、月が一直線上に並んだために太陽の光を地球が遮ります。地球の影で月が欠け、再び満ちていく様子を観察してみましょう。

❹ 蛇足になりますが・・・
教員は常に研修・研究を！

　千葉県教育研究会市川支会では、2005（平成17）年頃、月1回行われる研修日の見直しが持ち上がりました。主な理由は、会員の出席率が低いということでした。そこで、会を運営する教育委員会、校長会、教頭会、教職員組合、PTAの代表が集まり話し合いが行われました。

　教職員の研修会は原則として、第3水曜日14時から行われていました。

　研修日は子供たちが給食を済ませ下校した後、各会場に集まり研修を行うことになっていました。ところが、研修会に参加する教職員が少なくなり、当日学校に残って仕事をする人や私用のため年休を取る人が増えてきたのが主な理由でした。

　「子供たちを早く下校させ、教職員の研修、研究の時間を設けているのに、その貴重な時間を活用しなくていいのか」という問題が取り上げられました。

　会議は研修日の回数を減らし、やがて研修日をなくす方向で進められていきました。私はその案に反対しました。今までに多くの教員がこの研修会で力を付けてきたからです。先輩や同僚、後輩たちと一緒に研修する中で、新たな知識や技能、指導法等の多くのことを学び、それらを授業や生活指導等に活かしてきたからです。

　私は教職員が研修することの大切さを主張しました。話し合いの結果、研修日は年間7回に、開始時刻は30分遅らせることで存続することが決まりました。ただし、研修日の授業研究については、授業を行う学校の5校時開始時刻に合わせ、自校を出て参加できるようになりました。

　教員にとって研修や研究は最も大切なことです。これからも教員としての資質を高めていくことを願っています。

　参考までに、千葉県教育研究会市川支会理科部で「学校にこんなものがあれば、より学習の効果が上がるのではないか。」という立場で取り組んで作成した4冊を掲載しました。会員全員で作り上げたものです。

○ 1984年 「市川市の学校を中心とした　自然観察コース」
B4判　左端綴じ 100P

　市川市公立小学校33校、中学校14校、「大町少年自然の家」を加えた自然観察コースを作成。各校が校庭と学校周辺での1時間以内の植物中心の観察コースをB4判1〜3

枚でまとめたものを冊子にした。

【主な内容】

・まえがき　大野景徳

・植物観察コースとその実践例

・あとがき　大澤徳一、中村悦朗

・市川市理科部会会員名簿

○ 1985 ～ 1986 年　「地層学習指導資料」

B4 判　左端綴じ 31P

市川市公立小・中学校中心に観察可能な露頭までの交通・道路案内、露頭の全景及び露頭での学習可能な条件等をまとめたもの。

【主な内容】

・まえがき（別紙）　玉置善正

・（1）資料編　A 露頭集　B 湧水　C ボーリング資料　D その他の資料

・（2）解説編　1 地形の変遷　2 市川の現在の地形　3 市川市北部台地の標準層序
　　　　　　4 市川の段丘地形　5 台地の地下水面　6 沖積平野の下にかくされた古地形

・（3）指導編

○ 1989 年　「理科自由研究の手引き」

B5 判　50P

夏休みに入る前に、「理科自由研究の手引書みたいなものがあれば助かるのだが……」という教員の声で、小・中学生に支援できる内容を中心に具体的なものを取り上げ、それらを中心に科学論文、科学工夫作品、標本の 3 つの分野から作成したもの。

【主な内容】

・はじめに　大野　修

・小学校の部　　科学論文の部　科学工夫作品の部　標本の部

・中学校の部　　科学論文の部　科学工夫作品の部　標本の部

・あとがき　山岸孝男

・会員名簿

○ 1992 年 「自然とあそぼう」

B5 判　93P

　生活科が始まり、「どんな活動をすればいいのかよくわからない。参考になるものがあれば助かる……」ということで、対象の 1、2 年生にはどんな活動が可能かを幅広い分野で作成したもの。

【主な内容】

・はじめに　大澤徳一

・ゲームの部　人形の部　かざりの部　笛の部　入れ物の部　しるの部　ゴムの部
　竹の部　こまの部　石の部　貝の部　その他の部

・あとがき　中村悦朗

・会員名簿

主な参考図書・引用図書

・1968 年　科学の研究　安藤　遅　旺文社

・1971 年　理科薬品　渡辺義一　黎明書房

・1976 年　観天望気入門　藤井幸雄

・1989 年　小学校指導要領　文部省

・1989 年　小学校指導書　理科編　文部省

・1989 年　小学校指導書　生活編　文部省

・1998 年　小学校学習指導要領　文部省

・1999 年　小学校学習指導要領解説　総則編　文部省

・1999 年　小学校学習指導要領解説　理科編　文部省

・1999 年　小学校学習指導要領解説　生活編　文部省

・2008 年　小学校学習指導要領　文部科学省

・2008 年　小学校学習指導要領解説書　理科編　文部科学省

・2008 年　中学校学習指導要領解説書　理科編　文部科学省

・2009 年　高等学校学習指導要領解説　理科編　文部科学省

・2010 年　小学校理科観察・実験
　　　　　　　セーフティマニュアル　改訂版　大日本図書

・2016 年　天文手帳　地人書館

・2016 年　アクティブ・ラーニングによる理科の授業づくり
　　　　　　　日置光久　他　大日本図書

・2018 年　小学校学習指導要領解説　理科編　文部科学省

編集後記

　学習指導要領が改訂されるたびに、書店には各教科や領域の本が普段より多く並んでいます。それを見て気になることがあります。それは新たに改訂された学習指導要領の目玉だけを追っかけ過ぎる傾向があることです。

　もちろん改訂の目玉は重要なことは言うまでもありません。しかし、なぜそのことが改訂の目玉になったのか、現行の学習指導要領の中で実践してきたことを踏まえ、改訂の趣旨を理解することが大切です。

　そんなことを考えながら、学習指導要領を見ながら学校現場で実践している先生方に少しでも役に立てばと、この本の編集を行いました。

　第1章は、小学校理科は宝（学習教材）が身近に溢れていること。これらを積極的に教材として活用することで児童は身近な問題として、その解決に主体的に取り組むと考えました。

　第2章は、学習指導要領で理科がどのように変わってきたか総授業時数の変遷を中心に私見を加え、まとめました。

　第3章は、教員としてより良い授業を行うにはどうすればいいか。特に教材研究を中心に具体的にまとめました。

　第4章は、主役である児童の思考力、判断力、表現力等が育成されるように児童の思考の流れに沿って単元全体にストーリー性を持たせました。ここで書かれている内容は多くの学校の授業研究等で、多くの先生方と話し合い試行錯誤の中で行われた授業実践を基にまとめています。

　これから皆さんが理科教育を進める中で、この本が参考になり児童が身近な事象に興味関心を持ち、自ら考え、自らの力で問題や課題を解決していく力を身に付けていくことを願っています。

　社会は常に変化しています。学習指導要領は10年を基準に今後も見直しが行われていくことでしょう。しかし、授業の主役が1人ひとりの子供であることは変わりません。

　指導者は常に何が**不易**で何が**流行**なのか、しっかり自分の考えを持って実践してほしいと願っています。

　最後になりましたが、文中の挿絵は宮田明吉氏に、校正は西　博孝氏にお願いしました。両氏とも快く引き受けてくれました。また、三省堂書店／創英社の山口葉子さんには、発行に至るまでていねいにご指導いただきました。ここに感謝と共にお礼申し上げます。有難うございます。

筆者紹介

中村 悦朗

1944 年生まれ
1967 年 3 月　千葉大学教育学部卒業
　　　　4 月　千葉県公立小学校教諭
1979 年　千葉県　長期研修生
　　　　「市川市・船橋市周辺の露頭調査とその教材化」の研究
1980 〜 87 年　千葉県標準学力テスト　編集委員
1983 〜 89 年　「日本初等理科教育」月刊誌　編集委員
1984 年　市川市長より学芸指導者賞受賞
1984 年　千葉県教育委員会の「星の観察」授業撮影
　　　　翌年から 3 年間、千葉テレビで放映
1991 〜 92 年　市川市夜間学級講師
1993 〜 94、96、2000 年　千葉県教育研究会市川支会 理科部長
1997 〜 98 年　千葉県総合教育センター 科学技術教育部長
1999 年　千葉県市川市教育委員会 学校教育部次長
2003 年　千葉県市川市公立小・中・養護学校長会 会長
2005 年 3 月　退職
2007 〜 10 年　千葉県理科支援員等配置事業　コーディネーター
2009 〜 10 年　文部科学省　教科用図書検定調査審議会　専門委員
2011 〜 12 年　千葉県理科支援員
2012 〜 13 年　千葉大学教育学部　非常勤講師
2018 年　瑞宝双光章受章
現在、学校や各機関等の依頼を受け授業研究の講師や講演等を行っている。

主な著書

・『千葉の理科ものがたり』（共著）日本標準
・『いきいき授業　クイズとお話』（共著）光文書院
・『アイディアを生かした図説　分かる授業』（共著）光文書院
・『新・千葉県　地学のガイド』（共著）コロナ社

これが小学校理科教育だ

2024 年 2 月 14 日　　　　　　　初版発行

著者

中村 悦朗

発行・発売

株式会社 三省堂書店／創英社

〒101-0051　東京都千代田区神田神保町1−1

Tel：03-3291-2295　Fax：03-3292-7687

印刷・製本　株式会社 平河工業社